AF659844

जिस भूमि पर एक विशिष्ट जाति व परंपरा के अनुगामी, एक विचारधारा वाले तथा समान इतिहास वाले व्यक्ति एकत्र रहते हैं, उसी भूमि को राष्ट्र कहते हैं तथा वह राष्ट्र भी उनके निवासियों के नाम से पहचाना जाता है। ऐसे स्वजातीय लोगों के हित संबंध एक जैसे होते हैं और उनमें एक प्रकार से एकत्व की भावना विद्यमान रहती है और यही भावना उनकी प्रगति का कारण बन जाती है। भिन्न-भिन्न देशों के, भिन्न-भिन्न संस्कृति को मानने वाले, भिन्न-भिन्न विचारधारा वाले, भिन्न-भिन्न रीति-रिवाज वाले तथा परस्पर शत्रुता रखने वाले लोग राष्ट्र की सृष्टि नहीं कर सकते और ऐसे लोगों के समूह को राष्ट्र नहीं कहा जा सकता है।

–इसी पुस्तक से

राष्ट्रीय जीवनी माला

डॉ. केशव हेडगेवार

हरीश दत्त शर्मा

डायमंड बुक्स

प्रकाशक : डायमंड पॉकेट बुक्स (प्रा.) लि.
X-30 ओखला इंडस्ट्रियल एरिया, फेज-II
नई दिल्ली-110020
फोन : 011-40712200
ई-मेल : sales@dpb.in
वेबसाइट : www.diamondbook.in

DR. KESHAV HEDGEWAR
by Harish Dutt Sharma

अपनी बात

सन् 1925 की विजयदशमी के दिन पंद्रह युवा मित्रों के साथ डॉ. केशवराव बलिराम हेडगेवार ने एक संस्था की स्थापना की। अभी इसका नामकरण नहीं किया गया था। छह महीने बाद 17 अप्रैल, 1926 को इस संस्था का नामकरण हुआ—**राष्ट्रीय स्वयंसेवक संघ**।

इससे पूर्व जरीपटका मंडल, भारतोद्धारक मंडल आदि अनेक नाम आए जिन पर खुले मन से विचारों का आदान-प्रदान हुआ। डॉ. हेडगेवार अपनी संस्था को राष्ट्रीय बनाना चाहते थे। अत: क्षेत्रीय स्तर के नामों को नकार दिया गया। राष्ट्रीय स्वयंसेवक संघ—यह नाम पूरे चिंतन-मनन के बाद ही रखा गया। उस समय इंडियन नेशनल कांग्रेस देश की अग्रगण्य संस्था थी। कांग्रेस ने राष्ट्रीय कार्य हाथ में लिया था और हेडगेवार जी भी राष्ट्रीय कार्य करने जा रहे थे। अत: इंडियन नेशनल कांग्रेस से नेशनल शब्द का हिन्दी रूपांतर **'राष्ट्रीय'** शब्द लिया गया। **स्वयंसेवक** शब्द इसलिए जोड़ा गया क्योंकि इस शब्द का अर्थ है—'स्वयं आत्मस्फूर्ति से कार्य करने वाला।' और इस प्रकार "राष्ट्रीय स्वयंसेवक संघ" यह नाम अस्तित्व में आया।

1925 से संघ की यात्रा आरंभ हुई और डॉ. हेडगेवार ने एक-एक कर लाखों लोगों को इसकी ओर आकर्षित किया। संघ के स्वयंसेवकों ने राष्ट्रहित के अनेक महती कार्य किए। स्वतंत्रता संघर्ष में भी उन्होंने बढ़-चढ़कर भाग लिया।

इनकी राष्ट्रीय विचारधारा से चिढ़कर अंग्रेजी हुकूमत ने इन्हें 'राजनीतिक' व 'सांप्रदायिक' तक घोषित किया और इन्हें प्रतिबंधित कर दिया। दो बार डॉ. हेडगेवार को कारावास की सज़ा भी भोगनी पड़ी, लेकिन त्वरित जन-समर्थन ने अंग्रेजों को भी झुकने पर विवश कर दिया

और उन्हें प्रतिबंध समाप्त करना पड़ा क्योंकि जनता यह भली-भांति जानती थी कि यह सांप्रदायिक संगठन है बल्कि हिन्दू, मुस्लिम, सिख, ईसाई इत्यादि सभी वर्गों के लोगों के लिए इसके द्वार खुले हैं और ये सभी लोग एक झंडे के तले खड़े होकर एक साथ सारे कार्य करते हैं।

संघ के एकत्व ने महात्मा गांधी को भी बेहद प्रभावित किया था। वे स्वयं वर्धा में आयोजित एक कैंप में गए थे और स्वयंसेवकों से बातचीत की। बाद में जब गांधीजी और डॉ. हेडगेवार मिले, तब उनके बीच यह बातचीत हुई :

महात्मा गांधी : आपको तो पता चल ही गया होगा कि मैं कैंप में गया था।

डॉ. हेडगेवार : यह हमारे लिए सौभाग्य की बात है कि आप शिविर में आए। आपके कार्यक्रम की मुझे जानकारी नहीं थी, अन्यथा मैं भी उपस्थित रहता।

महात्मा गांधी : एक दृष्टि से यह अच्छा ही हुआ कि आप नहीं थे। मैंने खुलकर स्वयंसेवकों से बात की और सभी बातों को जानने का प्रयास किया।

फिर महात्मा गांधी ने संघ की वित्त संबंधी जानकारी चाही। उनका अनुमान था कि संघ को धनाढ्य लोगों से सहायता मिलती होगी। जमनालाल बजाज का नाम चंदा देने वालों में प्रसिद्ध था। यह जानकर कि संघ आज तक बजाज या उनके जैसे धनाढ्यों से सहायता न लेकर 'गुरु दक्षिणा' द्वारा धन संग्रह करता है, वे हैरान रह गए। डॉक्टर हेडगेवार की कांग्रेसी पृष्ठभूमि को जानकर उन्होंने पूछा कि 'कांग्रेस में आपके प्रयत्न सफल क्यों नहीं हुए? क्या पर्याप्त आर्थिक सहायता नहीं मिली?'

डॉ. हेडगेवार : पैसे की बात नहीं थी। कांग्रेस की मनोरचना एक राजनीतिक संगठन की है। राजनीति में स्वयंसेवकों के बारे में धारणा मेज-कुर्सी उठाने वाले, दरियां बिछाने वाले मज़दूरों की है। इस धारणा से राष्ट्र का उत्थान करने वाले स्वतःस्फूर्त कार्यकर्ता कैसे उत्पन्न होंगे?

महात्मा गांधी : आपकी स्वयंसेवकों की क्या अवधारणा है?

डॉ. हेडगेवार : संगठन में नेता और कार्यकर्ता—ये दो वर्ग नहीं होने चाहिए। संघ में सभी स्वयंसेवक हैं। आत्मप्रेरणा से जब

व्यक्ति समाज और राष्ट्र के कार्य को महत्त्व देता है, तब उसकी भूमिका दरी एवं मेज उठाने वाले की नहीं, बल्कि राष्ट्र-निर्माण में नींव के पत्थर की तरह हो जाती है। साधारण जीवन जीते हुए वह असाधारण कार्य करता है। अंत:करण की एकता एवं आत्मविश्वास के कारण ही अल्प धन एवं संकटों के बीच संघ नए-नए स्वयंसेवकों का निर्माण कर पाता है।

महात्मा गांधी : कल मैंने विभिन्न जातियों के स्वयंसेवकों को साथ-साथ सब काम करते हुए देखा। यह सब आपने कैसे कर दिखाया?

डॉ. हेडगेवार : उनकी चेतना में राष्ट्रीयता का भाव एवं हिन्दू होने का अभिमान जाग्रत करने के कारण ही वे सभी संकीर्णताओं से ऊपर उठ गए हैं।

तब, संघ को महात्मा गांधी ने भी लोहा माना।

दूसरी महत्त्वपूर्ण बात यह थी कि डॉ. हेडगेवार प्रचार को ज्यादा महत्त्व नहीं देते थे। वे कर्म को महत्त्वपूर्ण समझते थे। यही कारण रहा कि 52 वर्ष में उनकी मृत्यु तक संघ की जड़ें देश भर में जम गई थीं लेकिन अधिसंख्य स्वयंसेवकों/कार्यकर्ताओं ने उन्हें देखा तक नहीं था। यही नहीं बहुत-से लोगों ने तो उनका नाम तक नहीं सुना था।

हम जानते हैं कि महात्मा गांधी, जवाहरलाल नेहरू, रूस के लेनिन, चीन के माओ-त्से-तुंग आदि लोग अपने जीवनकाल में ही प्रसिद्ध हो गए थे क्योंकि वे प्रचार माध्यमों को तरजीह देते रहे थे। वहीं दूसरी ओर हेडगेवार कर्मप्रधान बने रहे। तभी अपेक्षित प्रसिद्धि नहीं पा सके। लेकिन जैसा अनुशासित संगठन उन्होंने खड़ा किया, उसकी मिसाल देश-विदेश में मिलना मुश्किल ही नहीं नामुमकिन भी है।

डॉ. हेडगेवार आज हमारे बीच नहीं हैं लेकिन कैडरबद्ध उनका संगठन आज भी उनके दिखाए मार्ग पर अग्रसर है और देशहित के कार्यों में समग्र रूप से अपना योगदान दे रहा है।

गुरुजी के शब्दों में : "परमपूज्य डॉक्टर जी के कष्टपूर्ण परिश्रमी एवं कर्मठ जीवन से सर्वसाधारण व्यक्ति को एक आशादायी संदेश मिलता है। दरिद्रता, प्रसिद्धि-विहीनता, बड़ों की उदासीनता, परिस्थिति

की प्रतिकूलता, पग-पग पर बाधाएं, विरोध, उपेक्षा, उपहास आदि के कटु अनुभव के साथ-साथ स्वीकृत कार्य की पूर्ति के लिए आवश्यक साधनों का अत्यंत अभाव आदि कितनी ही कठिनाइयां मार्ग में आएं, तो भी अपने कार्य के साथ तन्मय होकर 'मुक्तसंगोऽनहंवादी'—इस वृत्ति से सुख-दुःख, मान-अपमान, यश-अपयश आदि किसी की भी चिंता न करते हुए यदि कोई प्रयत्नरत रहेगा तो अवश्य ही सफलता मिलेगी।"

डॉ. हेडगेवार के जीवन दर्शन से जन-जन को निश्चित ही अपने जीवन को राष्ट्रहित में लगाने की प्रेरणा मिलेगी जो आज की महती आवश्यकता है। इसी बात को ध्यान में रखकर यह पुस्तक हम पाठकों के सम्मुख प्रस्तुत कर रहे हैं। आशा है, उन्हें रुचिकर लगेगी। अपने सुझावों से अवश्य अवगत कराएं।

—लेखक

अनुक्रमणिका

1. डॉ. हेडगेवार : संक्षिप्त परिचय 11
2. जीवन परिचय 12
3. देशबंधु और बांधव समाज 17
4. सफल क्रांतिकारी 21
5. परिवार में वापसी 31
6. जन आंदोलन का मार्ग 37
7. असहयोग आंदोलन 41
8. वर्धा परिषद् की स्थापना 51
9. राष्ट्रीय स्वयंसेवक संघ का गठन 56
10. संघ के महत्त्वपूर्ण कार्य 63
11. स्वतंत्रता के लिए संघर्ष 75
12. जंगल सत्याग्रह 79
13. संघ और हिन्दू महासभा 91
14. सरकारी दमनचक्र और संघ 95
15. अंतिम क्रांति और उत्तराधिकार 103
16. प्रेरक संस्मरण 109

1

डॉ. हेडगेवार : संक्षिप्त परिचय

पूरा नाम	:	डॉ. केशवराव बलिराम हेडगेवार
जन्मतिथि	:	1 अप्रैल, 1889
जन्म स्थान	:	नागपुर (महाराष्ट्र)
पिता का नाम	:	बलिराम पंत हेडगेवार
माता का नाम	:	रेवती बाई
भाई	:	दो बड़े।
बहनें	:	तीन, दो बड़ी, एक छोटी
प्राथमिक शिक्षा	:	नील सिटी हाई स्कूल, नागपुर।
उच्च शिक्षा	:	नेशनल मेडिकल कॉलेज, कोलकाता से डॉक्टरी की उपाधि।
संघ की स्थापना	:	सन् 1925 में विजयदशमी के दिन।
संघ की प्रथम शाखा	:	मई, 1926 से लगनी आरंभ हुई।
स्वतंत्रता संग्राम	:	स्वतंत्रता संग्राम में सक्रिय भाग लिया और दो बार जेल गए।
देहांत	:	21 जून, 1940, नागपुर।

•••

2

जीवन परिचय

डॉ. केशवराव बलिराम हेडगेवार का जन्म 1 अप्रैल, 1889 को नागपुर में हुआ था। आगे चलकर इन्होंने राष्ट्रीय स्वयंसेवक संघ की स्थापना की। इनके पिता का नाम बलिराम पंत हेडगेवार और माता का नाम रेवती बाई था।

वंशज–

केशवराव बलिराम हेडेगवार, बलिराम जी के सबसे छोटे पुत्र थे। इनके वंशज मूलरूप से आंध्रप्रदेश के निज़ामाबाद नामक ज़िले के रहने वाले थे। परंतु हैदराबाद के निज़ाम के धर्म में भेदभाव को देखते हुए वे लगभग ढाई सौ वर्ष पूर्व हैदराबाद छोड़कर नागपुर में आ बसे। तभी से इनके वंशज वहां रहने लगे। इन्हें नागपुर में उचित सम्मान प्राप्त हुआ। साथ ही राज्य का संरक्षण भी प्राप्त हुआ लेकिन जब अंग्रेजों ने भारत पर अपना शिकंजा कसना प्रारंभ किया तब से इनके पूर्वजों को राज्य द्वारा प्राप्त संरक्षण भी बंद हो गया। इससे इनकी आर्थिक स्थिति कमज़ोर पड़ गई।

हेडगेवार जी के परिवार में दो बड़े भाई और एक छोटी व दो बड़ी बहनें थीं। इनका परिवार बड़ा होने के कारण इन्हें कमज़ोर आर्थिक स्थिति का ज्यादा सामना करना पड़ा। इनके पिता धर्मशास्त्र के ज्ञाता थे। पिता ने इन्हें भी संस्कृत विद्यालय में अध्ययन के लिए भेजा। वे मात्र 13 वर्ष की उम्र के थे जब इनके माता-पिता का देहांत हो गया। अब इनका जीवन और भी कष्टमय हो गया। कुछ समय पश्चात् इनके बड़े भाई श्री महादेव शास्त्री भी इस दुनिया से चल बसे। घर का एक बड़ा

आसरा उठ जाने के कारण स्थिति और बिगड़ती चली गई। इस संघर्ष भरे समय में भी इन्होंने धैर्य नहीं खोया और विद्याध्ययन जारी रखा और अपने परिवार का पालन-पोषण भी किया। हेडगेवार डॉक्टर बनना चाहते थे। समय ने इनका साथ दिया और वे अपनी मेहनत व लगन से डॉक्टर बने।

देश के प्रति समर्पित–

हेडगेवार जी को देशभक्ति परिवार से विरासत में मिली थी। इनकी श्रद्धा सदा भारत की माटी के प्रति रहती थी। जब ये विद्यालय में अध्ययन कर रहे थे, तब इन्होंने अंग्रेजों के उत्सवों को देखा तो अपने सहपाठियों से ऐसे जलसों में सम्मिलित होने से मना कर दिया। एक बार महारानी विक्टोरिया के शासन के साठ वर्ष पूर्ण होने पर आतिशबाजी की जा रही थी। विद्यालयों में मिठाइयां बांटी जा रही थीं। इनके विद्यालय में भी मिठाई बांटी गई। इन्होंने मिठाई को हाथ में लेकर ज़मीन पर फेंक दिया। इन्होंने कहा—"यह मिठाई हमारी महारानी की नहीं है।" देशभक्ति की यह उत्कट भावना ने ही इन्हें कठोर देशभक्त बना दिया था।

एक अन्य घटना के अनुसार इंग्लैंड के राजा एडवर्ड का नागपुर में राजतिलक हो रहा था। इस पर पूरे नागपुर में बिजली जगमगा रही थी। पटाखे छूट रहे थे। लेकिन हेडगेवार अपने सहयोगियों से बोले—"विदेशी राजा का राज्यारोहण उत्सव मनाना हमारे लिए शर्म की बात है।" उनके चाचा मोरेश्वर हेडगेवार ने अपने संस्मरण में लिखा है—"जिस आयु में अन्यान्य बालक खेलने-कूदने में मस्त रहते हैं, उस आयु में अंग्रेजों को निकाल बाहर करने का यह उद्देश्य पूर्ण होने से पूर्व ही 'सेनापति' अपने छोटे से गुरिल्ले दल के साथ घरवालों द्वारा बंदी बना लिया गया।"

यहीं से डॉ. हेडगेवार ने देश को स्वतंत्र कराने की सौगंध ली। वे महाराणा प्रताप और शिवाजी की कहानियों का अध्ययन करने लगे और उनके मार्गों को अपने जीवन में उतारते चले गए। केशव जी अब नाना प्रकार से सोचते हुए अपने को सक्रिय करने लगे थे।

जब हेडगेवार विद्यालय में अध्ययन करते थे, यह घटना उस समय की है। डॉ. हेडगेवार अपने गुरु के घर पर सोते थे। उन्होंने अपने

सहपाठियों के साथ एक सुरंग खोदी जिसे अपने गुरु के घर के अंदर से आरंभ किया। उनके मन में यह बात थी कि नागपुर किले पर जो झंडा फहर रहा है, वह अंग्रेजों का है। अंग्रेजों के स्थान पर हमारा झंडा फहरना चाहिए। इसलिए वे गुप्त सुरंग खोदते चले गए। लेकिन किसी प्रकार परिवार के सदस्यों को इस बात का सुराग लग गया। उन्होंने इस कार्य को असंभव समझकर रुकवा दिया। उस समय हेडगेवार की उम्र मात्र बारह वर्ष की थी। लेकिन उनमें साहस कम नहीं था। वे अपने दल को और मज़बूत करते रहे। एक ही सपना मन में बसाया, 'परतंत्र भारत को स्वतंत्र करना', और हिन्दू राष्ट्र।

एक बात सोचने वाली है कि उनके परिवार से न कोई राजनीति में रहा, न समाज-सुधार में। फिर उनके अंदर यह भावना कैसे उपजी? इसे कुदरत का चमत्कार कह सकते हैं। उस समय विदेशियों से कोई घृणा नहीं करता था। सभी को गुलामी में जीने की आदत-सी पड़ गई थी। परंतु उन्हें यह मंजूर न हो सका था।

हेडगेवार जी के मन में नवप्रभात हो चुका था। बाल्यकाल से इनके मन में जो बीज पनप रहा था, वह अंकुरित होने लगा था। उनका मन वीरता से ओत-प्रोत हो चुका था। परतंत्र भारत का कोई महान् देशभक्त पुत्र ही इस कठिन कार्य को कर सकता था। उन्होंने अपना कार्य समाज के सामने रखा, तब गांव-मोहल्ले के लोग इस बालक को व्यर्थ समझते थे। क्योंकि यह एक असंभव कार्य था। कुछ लोगों को इनके क्रियाकलाप पसंद नहीं आते थे। कुछ लोग सलाह देते थे कि यह कार्य पैसे वालों के हैं। हम गरीबों के लिए नहीं।

लेकिन वहीं साथ देने वाले भी थे। इनके देखा-देखी कुछ साहसी युवक तैयार हो चुके थे। उन्होंने चंद दिनों में एक बड़ा अखाड़ा तैयार कर लिया। उन्हें दिन-प्रतिदिन आगे बढ़ते देख परिवार के सदस्यों ने उन्हें रोकना प्रारंभ किया। परंतु ये कब्र मानने वाले थे। बड़े भाई महादेव शास्त्री ने इनसे कहा—"ये सब बातें गरीब परिवार के लोगों के लिए पैरों पर कुल्हाड़ी मारने के समान है।"

डॉ. मुंजे से भेंट–

उन दिनों नागपुर शहर में 'शिवराय गुरु' एक अखाड़ा चलाते थे। कुछ युवा योग, विद्या, व्यायाम और युद्ध कलाएं सीखते थे। साथ में कुछ

क्रांतिकारियों की भीड़-सी रहती थी। इन्होंने अपना डेरा वहीं डालकर अपना बिगुल फूंका। इनके जुड़ते ही यहां रोज नए-नए नौजवान सिपाही इस दल में सम्मिलित होते चले गए। मोरु अभ्यंकर, गणू जोशी, हनुमंत नायडु आदि लोग इनका साथ दे रहे थे।

इसी अखाड़े में वर्ष 1904 में डॉ. वी.एस. मुंजे से हेडगेवार जी का मिलना हुआ। डॉ. मुंजे भी राष्ट्रभक्त व्यक्तियों में से थे। वे क्रांतिकारियों के बहुत बड़े समर्थक थे। दोनों देशभक्त निःस्वार्थ देशभक्ति करना चाहते थे। और हुआ भी वही। दोनों को एक-दूसरे से अच्छा सहयोग मिला। केशव, तिलक से बहुत प्रभावित थे। तिलक को पहली बार उन्होंने 1902 में देखा जब वे दूसरी बार नागपुर आए। केशव उनके 'केसरी' और 'मराठा' पत्रों के नियमित पाठक थे और उनकी राष्ट्रवादी विचारधारा के प्रशंसक थे।

हेडगेवार उस समय 16 वर्ष की आयु पार कर चुके थे। तभी नागपुर में भीषण अकाल पड़ा। देश में हाहाकार मचा था और अंग्रेजों के गुलाम भक्त महाराजा-महारानी के राजतिलक का जश्न मना रहे थे। असह्य लोगों पर संकट के बादल छाए थे। इसी संकट काल में लगान देने का समय आया। अंग्रेज शासक बेरहमी से धन वसूल कर रहे थे। मध्य प्रांत से 1897 में लगभग 97,32,000 रुपये बटोरे गए। जो व्यक्ति अंग्रेजों के गुलाम भक्त थे, उन्हें भी अंग्रेजों ने नहीं छोड़ा।

राष्ट्रवादी दलों का उदय-

कांग्रेस के 1886 में हुए अधिवेशन के अंतर्गत देश में पहली बार एक राजनीतिक संस्था 'लोकसभा' का उदय हुआ था। इस संस्था के प्रति लोगों की सहानुभूति और विश्वास बढ़ता जा रहा था। साथ ही नागपुर में अंग्रेजी सेना के लोग भी घबरा रहे थे और राजघराने के लोग इस पुण्य कार्य में साथ दे रहे थे। इस दल में चिटनवीस और बोस जैसे परिवारों का सराहनीय सहयोग रहा। इसी कारण इनका नाम भी खुलकर सामने आ रहा था। जिस प्रकार 'लोकसभा' का सूर्य चमक रहा था, उसी प्रकार राय बहादुरों ने भी राजनीति में भागीदारी प्रारंभ कर दी। राय बहादुरों ने भी अपना नाम क्रांतिकारियों के साथ जोड़ दिया था। यह दल भारत के नक्शे पर चमकता नज़र आ रहा था। राय बहादुर इस

राजनीतिक दल में बढ़-चढ़ कर हिस्सा ले रहे थे। क्योंकि इनकी आंख में अंग्रेजों की तानाशाही खटक रही थी। सन् 1904 में मुंजे ने पूर्ण रूप से अपनी कमर कस ली। उन्होंने बम का गोला बनाने का कार्य भी सीखना प्रारंभ कर दिया था।

बम बनाने की फैक्टरी डॉ. मुंजे के घर में डाली गई। उसी समय 1905 में बंगाल विभाजन की गूंज नागपुर में भी सुनाई दी। अब और ज्यादा क्रांतिकारियों को बढ़ाने के लिए एक दल और बनाया गया, जिसका नाम **'विद्यार्थी समाज'** रखा गया। विद्यार्थी समाज नाम इसलिए रखा गया था ताकि इस दल में विद्यार्थियों की संख्या अधिक रहे। इस संस्था की बागडोर विद्यार्थियों के हाथों में सौंपी गई। इसी दल के एक कार्यकर्ता श्री भवानी शंकर नियोगी को इसका अध्यक्ष बनाया गया। हेडगेवार की निःस्वार्थ सेवा रंग लाती जा रही थी। हेडगेवार अकेले ही 'तिलक फंड' संस्था के लिए पैसा इकट्ठा करते थे।

•••

3

देशबंधु एवं बांधव समाज

अंग्रेजों को हेडगेवार के कार्यकलापों की भनक लग चुकी थी। हेडगेवार ने **'देशबंधु समाज'** का गठन करके इस समाज के लोगों को अपने साथ जोड़ा। इस संस्था में भाऊजी कावरे ने अपना पूर्ण सहयोग किया था। वर्धा में **'बांधव समाज'** नामक संस्था स्थापित की गई थी। इस संस्था की बागडोर प्रसिद्ध क्रांतिकारी पी. एस. खानखोजे के हाथ में थी। इस संस्था के माध्यम से मोरोपंत अभ्यंकर, जमनालाल बजाज, भवानी शंकर नियोगी आदि सभी जगह जाने-पहचाने जाते थे। दोनों संस्थाएं अंग्रेजों से लोहा लेने के लिए धन, बल इकट्ठा कर रही थीं। इन संस्थाओं में हर धर्म के लोगों को भर्ती किया जाता था। संस्था के कुछ नियम भी थे। सभी को शपथ लेनी पड़ती थी—

"करितो सन्मित्र हो निश्चये
आपल्या पुढ़े या पणा।
अर्पणी देहास देशकार्यी मी
जे रुचे आपणा।"

(अर्थात् "हे मेरे मित्र! मैं आपको साक्षी मानकर यह प्रतिज्ञा करता हूं कि अपनी प्रिय मातृभूमि की सेवा में मैं अपने शरीर एवं आत्मा को अर्पित करता हूं।")

'वंदेमातरम्' पर रोक—

बांधव समाज के गठन से देश में शक्ति अर्जित होती जा रही थी। नागपुर एवं हेडगेवार एक-दूसरे के लिए लाभकारी सिद्ध हो रहे थे। देश के हर छोटे-बड़े नगर में छोटे-छोटे संगठन बनते जा रहे थे। भारतीय युवाओं की सक्रियता को देख अंग्रेजों के सामने समस्या बढ़ गई।

उन दिनों एक नारा बुलंदी पर था—**'वंदेमातरम्'**। तब अंग्रेजों ने

वंदेमातरम् बोलने पर रोक लगा दी व नए दल बनाने पर भी प्रतिबंध लगा दिया। लेकिन हेडगेवार ने वंदेमातरम् का नारा हर प्राणी को रटा दिया। सभी दल एक साथ स्वर लहरियां निकाल रहे थे–वंदेमातरम्। अंग्रेजों ने नोटिस जारी कर दिया। इस नोटिस के कारण विद्यार्थियों को आंदोलन करने में बहुत कठिनाइयों का सामना करना पड़ रहा था। कुछ दिनों के लिए हेडगेवार को शांत होना पड़ा। इनके स्थान पर तिलक अपनी भूमिका निभा रहे थे। इन्होंने भी देश के लिए कोई कसर नहीं छोड़ी।

कुछ ही दिनों में 'तिलक महाराज की जय-जयकार' होने लगी। अंग्रेजों ने इसे भी दंडनीय घोषित कर इस पर रोक लगा दी। जो नोटिस सरकार से प्राप्त हुआ उसका नाम **'रिस्ले सर्कुलर'** पड़ा। इस नोटिस का व़िरोध किया गया। इस विरोध का आरंभ नागपुर से ही हुआ। सन् 1907 के मध्य में विद्यालय निरीक्षक प्रतिवर्ष की तरह पर्यवेक्षण करने नील सिटी स्कूल में आए थे। उस समय हेडगेवार ने अपने साथी छात्रों के साथ वंदेमातरम् का नारा लगाकर अपना विरोध प्रकट किया। हेडगेवार के सहपाठी गोविंद गणेश आवदे इस घटना के संबंध में अंग्रेजों की प्रतिक्रिया व्यक्त करते हुए लिखते हैं–

"गुस्से से लाल-पीले होकर विद्यालय निरीक्षक, प्रधानाध्यापक जनार्दन विनायक ओक के कमरे में गए और बिना बात किए अपनी टोपी लेकर सीधे चले गए। इसके तुरंत बाद उन्होंने विद्यालय प्रबंध समिति के चेयरमैन सर विपिन कृष्ण बोस को पत्र लिखकर दोषी छात्रों को 'अनुशासनहीनता' के लिए अविलंब सज़ा देने की मांग की।"

अंग्रेजों का पिट्ठू ही वंदेमातरम् पर रोक लगा सकता था। इस समाचार का पता चलते ही डॉ. मुंजे ने पूरे नागपुर में आग फैला दी। वरिष्ठ नेताओं ने भी इन सभी क्रांतिकारियों का साथ दिया। इसके विरोध में स्वतंत्रता सेनानियों पर लाठियां बरसनी शुरू हो गईं।

विद्यालय प्रबंध समिति के चेयरमैन बोस ने अगले दिन विद्यार्थियों से कहा—"मैं स्वयं रात को सोते समय नियमित वंदेमातरम् कहता हूं लेकिन स्कूल यह गाने के लिए उचित स्थान नहीं है। अतः आप अपनी गलती मानकर माफी मांग लें।"

लेकिन विद्यार्थियों ने हेडगेवार के नेतृत्त्व में कहीं अधिक उच्च स्वर में 'वंदेमातरम्' का उद्घोष किया। परिणामस्वरूप बोस ने क्रोधित होकर उन सभी छात्रों को स्कूल से निष्कासित कर दिया।

प्रबंध समिति के निर्णय के विरोध में छात्रों ने अनिश्चितकालीन हड़ताल कर दी। सभी छात्र–छात्रा नारों, प्रभात फेरियों, जुलूसों आदि से विरोध प्रकट कर रहे थे। अंग्रेजों से कुछ न बन सका तो विद्यार्थियों के घर–घर जाकर उन्हें समझाने–बुझाने; पर विद्यार्थियों ने अपनी हड़ताल समाप्त नहीं की।

कुछ लोगों ने इस हड़ताल का विरोध किया और अपने बच्चों को हड़ताल से हटाकर अपने घर पर बिठा लिया। हेडगेवार के परिवार के सदस्यों ने भी उन्हें समझाया परंतु उन्हें कब झुकना था। उन्होंने कहा :

"अगर मातृभूमि की आराधना अपराध है तो यह अपराध मैं एक बार नहीं, अनगिनत बार करूंगा और इसके लिए मिलने वाली हर सज़ा को सहर्ष स्वीकार करूंगा।"

स्कूल से निष्कासित–

इनकी ये हठधर्मिता किसी को भी रास नहीं आई और स्कूल बोर्ड मेम्बरों ने यह निर्णय लिया कि उन्हें स्कूल से निकाल दिया जाए। तदुपरांत ऐसा ही हुआ। श्री केशव ने इसे अपनी मेहनत का प्रसाद समझकर स्वीकार कर लिया। इस आंदोलन से केशव प्रसिद्ध भी बहुत हो चुके थे। एक अंग्रेज अधिकारी ने छात्रों को गुंडागर्दी का दल कहते हुए यहां तक कहा—"पुलिस नागपुर में छात्रों की गुंडागर्दी से जिस प्रकार निपट रही है, उससे मैं संतुष्ट नहीं हूं। अगर ऐसे ही चलता रहा तो हमारे सभी सम्मानीय लोग भयभीत होकर नागपुर से भाग जाएंगे।"

हेडगेवार ने पुलिस की बढ़ती गुंडागर्दी को बिल्कुल बर्दाश्त नहीं किया और नागपुर पुलिस महानिदेशक को एक पत्र लिखा कि 'यदि स्थिति ऐसी ही बनी रही तो हमारा आंदोलन विकराल रूप धारण कर सकता है और हमारे साथी सड़क पर खुला विद्रोह करेंगे।'

इन्होंने एक वर्ष तक किसी विद्यालय में पढ़ाई नहीं की। उनकी सही पढ़ाई तो क्रांतिकारियों के साथ हुई। इनके चाचा आबाजी हेडगेवार सरकारी रिवेन्यू इंस्पेक्टर थे। उनकी नियुक्ति एक पुलिस चौकी पर थी। हेडगेवार जी ने यहीं पर अपना गुस्सा निकाला। अपने साथियों को साथ लेकर पुलिस चौकी उड़ाने का उद्देश्य लेकर चले। उन्होंने पुलिस चौकी पर एक बम फेंका। परंतु बम पुलिस चौकी पर न गिरकर पास में गिरा जहां एक तालाब था। इनको बम फेंकते किसी ने नहीं देखा और ये कानूनी कार्यवाही से बच निकले।

दीपावली पास आ रही थी। विजयदशमी पर वे एक कार्यक्रम करना चाहते थे। उन्होंने सोचा, कोई भाषण हो जाए तो अच्छा रहेगा। उनकी योजना सफल रही। धार्मिक कार्य था, सभी सामाजिक, राजनीतिक लोग इस सभा में सम्मिलित थे। इसका फायदा उन्होंने उठाया। उस सभा में हेडगेवार जी को बोलने का अवसर प्राप्त हुआ।

उन्होंने जनता के बीच अपने विचार रखे—"आज हम अनेक प्रकार की सीमाओं से बंधे हैं। उन्हें पार करना हमारा कर्तव्य है। सबसे बड़ी पीड़ादायक और शर्मनाक बात हमारा परतंत्र होना है। परतंत्र रहना सबसे बड़ा अधर्म है। पापियों एवं परायों का अन्याय सहना भी पाप है। अतः आज विदेशी दासता के विरुद्ध उठ खड़े होना, अंग्रेजों को सात समुद्र पार भेज देना ही सीमोल्लंघन का वास्तविक अर्थ होगा। रावण-वध का आज तात्पर्य अंग्रेजी राज का अंत करना है।"

भारत गुलामी की जंज़ीरों से जकड़ा हुआ था। भारत को स्वतंत्र कराने की चर्चा चारों तरफ हेडगेवार फैला रहे थे—''आज भारतवासियों का कर्तव्य है कि गुलामी की जंज़ीरों को तोड़कर आज़ाद हों। इन फिरंगियों के बल पर न जीएं। अत्याचार सहना भी एक पाप है। हम सबको मिल-जुलकर इस गुलामी का विरोध करना चाहिए और अंग्रेजों को मार भगाना चाहिए। राम ने जिस प्रकार से रावण का अंत किया था, उसी प्रकार हमें भी इनका अंत करना चाहिए।''

इसी समय सेनानियों पर दिन-प्रतिदिन जुल्म बढ़ते जा रहे थे। चारों ओर लाठी चार्ज के आदेश हो चुके थे। पुलिस को जहां भी सूचना मिलती, वहीं पहुंचकर सभा भंग कर देती। ताबड़-तोड़ लाठियां चलाती। जो भी विद्यार्थी हेडगेवार का साथ देता था, उसे बंद कर उस पर राजद्रोह का मुकदमा चलता था और स्कूल से निकाल बाहर कर दिया जाता था। यह घटना केशव के दो साथियों के साथ भी हुई। साथ में केशव पर कई धाराएं लगाकर बंदी बना लिया गया। जब केशव पर मुकदमा चलाया जा रहा था, तो समस्त भारतवर्ष में आंदोलन छिड़ गया। अंग्रेजों ने हार मानकर उन्हें जेल से रिहा कर दिया और मुकदमा भी वापस ले लिया, लेकिन कोई भी आयोजन करने से मना कर दिया।

•••

4

सफल क्रांतिकारी

केशव ने अपनी गतिविधियों से स्वयं को एक सफल क्रांतिकारी प्रमाणित कर दिया था। उनके आगे की शिक्षा यवतमाल में एम. एस. अणे के संरक्षण में हुई। यहां रहते हुए केशव अध्ययन करने लगे। इस विद्यालय के आचार्य और प्रधानाचार्य भी क्रांतिकारी स्वभाव के थे। इन अध्यापकों ने हेडगेवार का खूब साथ दिया। इनके सहयोग से स्कूली छात्रों में भी क्रांति का बीजारोपण हो गया।

1909 में इन्होंने अपनी गतिविधियां तेज कर दीं। इनकी गतिविधियों को देख पुलिस ने स्कूल के सामने पुलिस चौकी बना दी। इस चौकी से क्रांतिकारियों पर क्या फर्क पड़ने वाला था। इस विद्यालय में डॉ. हेडगेवार का अभी छह माह का समय व्यतीत हुआ था कि किसी क्रांतिकारी युवा ने पुलिस चौकी को हटाने के उद्देश्य से उस पर बम फेंक दिया। पुलिस ने केशव को अपने घेरे में ले लिया। परंतु कोई ठोस प्रमाण न होने के कारण उन्हें छोड़ना पड़ा।

दूसरी तरफ एक और भारतीय त्योहार सामने आ रहा था— हनुमान जयंती। इस दिन के लिए योजना बनाई गई। विद्यालय के समस्त मित्रगण एवं अध्यापकों ने इस योजना में उनका साथ दिया। हनुमान जयंती पर भीड़ इकट्ठी हो रही थी। हेडगेवार ने अंग्रेजों के विरुद्ध बिगुल फूंक दिया। उनका सहयोग अणे ने पूर्ण रूप से दिया व उनका उत्साहवर्द्धन भी किया। अणे एक वकील थे। जब अंग्रेजों को पता चला तो अणे की वकालत की उपाधि छीन ली गई।

कुछ दिनों के बाद उनकी 'राष्ट्रीय शाला' गैर कानूनी घोषित कर,

बंद कर दी गई। अणे विवश होकर पूना में जा बसे। उनके साथ हेडगेवार ने भी अपना डेरा पूना में डाल लिया।

पूना में अमरावती नाम से एक स्कूल था। हेडगेवार ने अमरावती में अपना नाम लिखवाया। पूना में क्रांतिकारी रासबिहारी बोस भी रहते थे। जब रासबिहारी को इनके बारे में जानकारी प्राप्त हुई तो उन्होंने हेडगेवार की शिक्षा को आगे बढ़ाने में पूर्ण सहयोग दिया। रासबिहारी एक निर्धन व्यक्ति थे, किंतु फिर भी हेडगेवार को तन, मन, धन से सहयोग करते रहे। 1910 में बंगाल और मध्य प्रांत—दोनों ने मिलकर क्रांति की सफल योजना तैयार की। उस समय तक हेडगेवार ने हाई स्कूल की पढ़ाई पूरी कर ली थी। अब वे अपनी पढ़ाई को आगे बढ़ाने के लिए सोच रहे थे कि एक क्रांतिकारी माधवदास संन्यासी उनसे मिलने चले आए। संन्यासी ने उन्हें क्रांति की बागडोर सौंप दी और स्वयं जापान चले गए।

उच्च शिक्षा के लिए हेडगेवार नागपुर से कोलकाता पहुंचे।

डॉक्टरी की पढ़ाई–

कोलकाता में नेशनल मेडिकल कॉलेज में डॉ. हेडगेवार डॉक्टरी की पढ़ाई करने लगे, परंतु उनका वास्तविक उद्देश्य क्रांतिकारियों को एकजुट करके स्वतंत्रता आंदोलन को तेज करना था। पुलिस की उन पर नज़र थी लेकिन कॉलेज जाने के बहाने वे अपने आवश्यक कार्य निबटा लेते थे।

इस कॉलेज में अधिकांश क्रांतिकारी संगठन के लोग अध्ययन करते थे जिनमें मराठी छात्रों की संख्या अधिक थी। अंग्रेजों को जब पता लगा कि यहां केशव, सावरकर और अणे जैसे क्रांतिकारी पढ़ रहे हैं तो उन्होंने अपना कुचक्र चलाना प्रारंभ कर दिया। जो भी क्रांतिकारी अपनी गतिविधियां चलाता, पुलिस उसे उठाकर बंद कर देती; उस पर मुकदमा थोपती। इसी कारण हेडगेवार के लगभग 50 साथियों को पुलिस जेल में डाल चुकी थी। इनके साथियों ने जितने भी संगठन बनाए थे, उन्हें भी गैर-कानूनी सिद्ध कर खत्म करने की कार्यवाही चल रही थी।

शासन ने धर-पकड़ का एक अभियान आरंभ किया। प्रतिदिन क्रांतिकारियों के घरों में छापे डालना प्रारंभ किया। उस समय कुछ लोगों

ने **'अनुशीलन समिति'** बनाई थी। यह समिति सम्पूर्ण बंगाल में प्रसिद्ध थी। इस संस्था में दो सौ क्रांतिकारी थे। इनमें अरविंद घोष, विपिन चंद्र पाल, त्रैलोक्यनाथ चक्रवर्ती आदि दिग्गज नेता सम्मिलित थे जो इस संगठन की नींव के पत्थर थे। इन्हें भी जेल में डाल दिया गया। यह संस्था बहुत प्रसिद्ध थी। पुलिस से बचकर हेडगेवार गोपनीय रूप से इस संस्था के कार्यों को आगे बढ़ाते रहे। उस समय अंग्रेजी दासता में जीना कितना दुशवार था। छात्र उनके लाठी-डंडे खा-खाकर भी इस देश को संभालते रहे। सभी क्रांतिकारियों के मन में एक ही आवाज़ थी—**'हिन्दुस्तान बचाओ, अंग्रेजों को भगाओ।'** इस अभियान में त्रैलोक्यनाथ चक्रवर्ती ने एक पुस्तक में सारा विवरण लिखा। उस पुस्तक का नाम था—'जेल में तीस वर्ष।'

हेडगेवार कोलकाता आए तो उन्हें अनुशीलन संस्था के संबंध में जानकारी प्राप्त हुई। वे इस संस्था में एक सदस्य के रूप में जुड़ गए। जिस समय हेडगेवार जी इस संस्था से जुड़े उस समय चक्रवर्ती ने अपनी कलम से लिखा–

"जब हेडगेवार नेशनल मेडिकल कॉलेज के छात्र थे, तब बांग्ला में लिखी गई प्रसिद्ध पुस्तक 'बंगलार विप्लववाद' के लेखक नलिनीकिशोर गुह भी वहां पढ़ रहे थे। गुह ने ही हेडगेवार, नारायणराव सावरकर एवं अन्य छात्रों को समिति में प्रवेश दिलाया था।"

कुछ ही दिनों में हेडगेवार ने अपने सहयोगियों के साथ इस संस्था का विस्तार आरंभ कर दिया। हर जाति, धर्म के लोग इस संस्था के सदस्य बनते चले गए। अधिकांश लोग गरीब थे। जब इस संस्था का विस्तार होने लगा, पुलिस उसकी निगरानी करने लगी। क्रांतिकारियों के बीच हेडगेवार 'कोकेन' नाम से प्रसिद्ध थे। वे अस्त्र-शस्त्रों के लिए 'एनाटोमी' शब्द का प्रयोग करते थे।

नागपुर में श्याम सुंदर चक्रवर्ती कभी-कभी उनसे मिलने आते थे। श्याम सुंदर भी एक क्रांतिकारी व्यक्ति थे। वे हेडगेवार से उम्र में बहुत बड़े थे। वे सदा उनका मार्गदर्शन करते थे। साथ में उनके साथी नलिनी किशोर गुह अपने क्रांतिकारियों के साथ इनके ठिकाने पर छुपने आया करते थे। केशव ने शस्त्रों को रखने के लिए कई गोपनीय स्थान बना

लिए थे। जो भी क्रांतिकारी कोई शस्त्र लाता, केशव उसे अपने पास सुरक्षित रख लेते थे।

हेडगेवार जी ने कोलकाता में पाँच वर्ष का समय राष्ट्रवादी नेता के रूप में व्यतीत किया। उन पाँच वर्षों में उन्होंने अपनी लगन और त्याग से सभी के दिलों को जीत लिया था। लोगों का कहना था कि 'हेडगेवार की छवि हमेशा प्रेरणास्रोत रहेगी।'

इसी बात को आगे बढ़ाते हुए गुह ने अपनी टिप्पणी में कहा—"हेडगेवार सच्चे अर्थों में आदर्श क्रांतिकारी हैं। समिति के सदस्यों के बीच वे रचनात्मक सोच एवं काम के लिए जाने जाते हैं। 'कोकेन' अब देश में नया चमत्कार करने की प्रक्रिया में जुट गए हैं।"

क्रांतिकारी श्याम सुंदर निर्धन परिवार के सदस्य थे। उनकी एक पुत्री का विवाह सामने आ रहा था और श्याम सुंदर जी ने अपना समय क्रांतिकारियों के साथ व्यतीत किया था। इसलिए पुत्री के विवाह के लिए धन अर्जित नहीं कर पाए। जब केशव को पता चला, तब उन्होंने पैसे अर्जित कर शादी करवाने में सहयोग किया। देश के लिए इकट्ठा किया हुआ धन डॉ. हेडगेवार ने श्याम सुंदर की पुत्री के विवाह को संपन्न करने में लगा दिया। अब हेडगेवार पुनः पैसा इकट्ठा करने में जुट गए।

क्रांतिकारी हरदास ने हेडगेवार के संबंध में टिप्पणी की है–

"हेडगेवार ने अपने सात्विक चरित्र, प्रतिबद्धता और असाधारण संगठन कौशल से नौजवान क्रांतिकारियों का दिल जीत लिया था और उनके प्रति भक्तिभाव रखने वाले देशभक्तों की एक बड़ी जमात थी।"

1910 से 1915 के समय में हेडगेवार ने एक अभियान चलाया। इस अभियान का मुख्य उद्देश्य था—अधिक से अधिक सदस्य बनाना और अस्त्र-शस्त्र इकट्ठा करना। नागपुर में इनका जन्म हुआ था, इसी कारण हेडगेवार को ज्यादा रुचि नागपुर से थी। वे नागपुर को अत्याचार मुक्त देखना चाहते थे। वे यहां-वहां से जो भी शस्त्र मिलता, उसे नागपुर ले आते थे।

हरदास उनके बारे में लिखते हैं—"हेडगेवार जैसा चरित्र वाला साहसी, दुनिया में कभी नहीं हो सकता।"

हरदास का सदैव यही कहना था कि हेडगेवार के पास अपार क्षमता

है। वे कुछ ही क्षणों में अपने से सामने वाले व्यक्ति का दिल जीत लिया करते थे। साथ में रहकर उसके दुःख-दर्द का भी पूर्ण ध्यान रखते थे। मध्य प्रांत के अंग्रेजों ने 1912 में निरीक्षण किया था कि नागपुर के क्रांतिकारियों के साथ हेडगेवार का ज्यादा सहयोग है, इसी के कारण सारे बम कांड होते हैं। उन्हीं पर ध्यान रखना चाहिए। अतः सरकार ने उनके पीछे अनेक गुप्तचरों को लगा दिया।

इनमें से एक गुप्तचर 'गोपाल वासुदेव केतकर' को हेडगेवार के कॉलेज में दाखिला दिला दिया गया। गोपाल ने पहुंचते ही हेडगेवार की छानबीन शुरू कर दी। परंतु किसी देशभक्त व्यक्ति ने यह राज़ खोल दिया जिससे उसे कॉलेज से मार-मारकर भगा दिया गया। गोपाल को उनसे कुछ प्राप्त नहीं हो सका। इसके बाद कई बड़े जासूसों ने उनका पीछा किया, लेकिन कुछ भी प्राप्त करने में असमर्थ रहे और उलटे पांव लौट गए। क्रांतिकारी जीवन में बंगाल का संग्राम भी बहुत यादगार माना जाता है।

वर्ष 1911 में जनता के ऊपर अंग्रेजों के अत्याचार बढ़ते जा रहे थे। तब बंगाल जाकर हेडगेवार ने अंग्रेजों के विरुद्ध आंदोलन छेड़ा। उस आंदोलन में वे सफल रहे। दूसरा आंदोलन 1914 में उस समय किया गया जब अंग्रेजों ने राष्ट्रीय मेडिकल कॉलेज की चिकित्सा उपाधि की मान्यता से इंकार कर दिया। अंग्रेजों की इस प्रकार की घृणात्मक प्रक्रिया से हज़ारों छात्र-छात्राओं का जीवन अंधकारमय हो गया। जो लोग चिकित्सा की उपाधि प्राप्त कर चुके थे, उनको भी रद्द कर दिया गया।

इस पर हेडगेवार मोतीलाल घोष की सहायता से इस आंदोलन में कूद पड़े। आंदोलन का प्रचार-प्रसार पत्र-पत्रिकाओं के माध्यम से जोरों पर चला।

हेडगेवार नागपुर में भी दिन-प्रतिदिन आंदोलन आयोजित कर रहे थे। इन क्रांतिकारियों की सक्रियता को देखकर वर्ष 1916 में अंग्रेजी सरकार ने काला कानून घोषित कर दिया। इस काले कानून में था कि जो भी व्यक्ति आंदोलन करेंगे, उसे काले पानी की सजा सुनाई जाएगी; आजीवन अंधकार में व्यतीत करना पड़ेगा। इस काले कानून को तोड़ने के लिए पुनः जन आंदोलन छेड़ना पड़ा और सरकार को हार मानकर इस कानून को वापस लेने के लिए विवश होना पड़ा। इन सब संघर्षों

के साथ हेडगेवार डॉक्टरी की पढ़ाई करते रहे और वर्ष 1914 में उन्होंने डॉक्टरी की डिग्री प्राप्त की।

अब हेडगेवार डॉक्टर बन चुके थे। उसी समय प्रथम विश्व युद्ध की तैयारियां चल रही थी।

प्रथम विश्व युद्ध में अंग्रेजों की शक्ति कम पड़ रही थी। उन्होंने पासा फेंका कि यदि भारत के क्रांतिकारी उनका साथ दें तो वे उन्हें हर प्रकार से सहयोग करेंगे। भारत के वीर सपूतों ने अपनी बटोरी सम्पत्ति और शस्त्र को इस विश्व युद्ध में लगा दिया।

1914 में अंग्रेजों का यह लालच अंत में बेकार सिद्ध हुआ। अंग्रेजों के जासूस विभाग ने एक पुस्तक प्रकाशित की। उस पुस्तक में उन लोगों के नाम थे जो बम और बंदूकें बनाना जानते थे। इसमें हेडगेवार का भी नाम था। उसी पुस्तक की सहायता से अंग्रेजों के लोग इन क्रांतिकारियों तक पहुंचे।

विश्वयुद्ध के दौर में अंग्रेजों को हेडगेवार का एक पत्र प्राप्त हुआ, जिसमें उन्होंने घायल सैनिकों के लिए अपनी चिकित्सक सेवाएं देने की पेशकश की। लेकिन अंग्रेजों ने उनका आवेदन बिना कोई कारण बताए अस्वीकार कर दिया। वास्तव में हेडगेवार की योजना सेना में घुसकर सन् 1857 के समान सैनिक-विद्रोह करने की थी। लेकिन आवेदन अस्वीकृत किए जाने के कारण उनकी योजना असफल हो गई।

विश्व युद्ध के समय अंग्रेज मारे जा रहे थे। इससे अंग्रेजी शासक हैरान हो रहे थे। डॉ. हेडगेवार के लिए यह शुभ समय सिद्ध हो रहा था। उन्होंने दुनिया भर में **'एकला चलो रे'** की आवाज़ फैलाई। वे एम. आर. चोलकर, नीलकंठ राव, भवानी शंकर आदि सहयोगियों के साथ अंग्रेजों की चौकियां उड़ाने में लगे थे।

उधर, भारतवर्ष के नेता इस प्रथम विश्व युद्ध में अंग्रेजों की शक्ति बन रहे थे। वे अपने अनुभव और कौशल से युद्ध का संचालन कर रहे थे।

इधर, उचित अवसर देखकर हेडगेवार क्रांतिकारियों के लिए बंदूकें, बम आदि शस्त्र बटोर रहे थे। डॉ. हेडगेवार रात-दिन देश के लोगों को एकत्रित कर रहे थे। मध्य प्रांत में भाऊजी ठाकरे सेना का संचालन कर रहे थे। जब पुलिस को इनके क्रियाकलापों का पता लगा तो हेडगेवार ने अपनी सेना को बचाने के लिए 'संस्कृत रंगमंच' का

गठन किया। इस संस्था के माध्यम से हर रोज शहर में सांस्कृतिक गतिविधियां होती थीं। इन सब कार्यक्रमों को आयोजित कर वे अपना उद्देश्य पूरा करते थे। कुछ दिनों बाद इस संस्था के सदस्यों ने विवाह समारोह आदि कराना प्रारंभ कर दिया। संस्था ने स्वयं के वाचनालय, व्यायामशाला आदि केंद्रों को स्थापित कर लिया था। इन सब प्रशिक्षणों को आगे चलाने के लिए अण्णा खोता, हरे कृष्ण जोशी भी अपने-अपने क्षेत्रों से धन बटोर कर हेडगेवार के पास एकत्रित करने लगे थे।

जो नए लोग इस दल में शामिल होते थे, उनकी पहले कठिन परीक्षा ली जाती थी। जैसे—आग पर चलाना, कुएं में गिराना, हाथ पर जलता हुआ दीपक रखना आदि। इस प्रकार परीक्षा लेकर उन्हें संस्था में रखा जाता था। जो भी सदस्य इस प्रकार से अपनी परीक्षा नहीं देता था, उसे संस्था में नहीं रखा जाता था। इन सब क्रांतिकारियों को विशेष प्रकार का प्रशिक्षण दिया जाता था। शिवाजी, राणा प्रताप आदि महान् योद्धाओं के जीवन परिचयों को प्रकाशित कर वितरित करवाया जाता था। हेडगेवार ने हर शहर के लिए अलग युवा मंडल बनाए थे जो अपने क्षेत्र में अपने सहयोगियों के साथ क्रांतिकारी गतिविधियां चलाते थे। एक-एक मंडल में लगभग डेढ़ सौ या दो सौ व्यक्तियों का समूह कार्य करता था। इन युवा मंडलों को नाना साहब टालाटुले और भाऊ साहब टालाटुले जैसे वरिष्ठ लोग प्रशिक्षण देने का कार्य करते थे।

नागपुर के बाद अब हेडगेवार अपनी शाखा दूसरे शहरों में जमाना चाहते थे। एक दल को नागपुर से प्रशिक्षण देने के बाद गंगा प्रताप पांडेय के नेतृत्व में अजमेर भेजा गया। श्री पांडेय ने अपने साथियों के साथ अजमेर में पैर जमा लिए थे। इसकी एक शाखा गोवा में भी डाल दी गई। गोवा में कुछ पुर्तगाली पादरी रहा करते थे। वे किसी भी प्रकार से किसी संस्था में सहयोग से मना कर दिया करते थे। साथ में शस्त्रों की व्यवस्था नहीं हो पा रही थी। गोवा में नाना साहब टालाटुले जो एक सैन्य प्रशिक्षक थे, को गोवा भेजा गया। उन्होंने अपनी मेहनत व लगन से कुछ शस्त्रों की व्यवस्था की। उस समय शस्त्रों को प्राप्त करना आज जितना आसान नहीं था।

शस्त्र प्राप्त करने के बाद टालाटुले क्रांतिकारियों को निशाना लगाने तथा लाठी चलाने का प्रशिक्षण देने लगे।

इस दल के एक अन्य सदस्य बालाजी हुद्दार को इस दल का नेतृत्व सौंप दिया गया। हुद्दार ने इस दल को गुप्त षड्यंत्रकारी दल की संज्ञा दी थी। वर्धा में नानाजी पुराणिक एवं बाबू राम पुराणिक ने भी षड्यंत्रकारी दल बनाना प्रारंभ कर दिया था। डॉ. हेडगेवार और भाऊजी कावरे प्रशिक्षित युवाओं को शिवाजी और समर्थ रामदास के नाम पर देश के लिए अपना सर्वस्व न्योछावर करने की शपथ दिलवाया करते थे। वे हर शहर-गांव में अपनी शाखा खोलते थे और वहीं पर रहकर क्रांतिकारियों को प्रशिक्षण दिया करते थे। प्रशिक्षण के बाद उन सदस्यों को शपथ ग्रहण करवाया करते थे।

अंग्रेजों को जब विश्वयुद्ध से विराम मिलना प्रारंभ हुआ, उसी समय उन्होंने क्रांतिकारियों के ठिकानों पर छापे मारना, गोली चलाना प्रारम्भ कर दिया। कई बार क्रांतिकारियों की पुलिस से मुठभेड़ भी हो चुकी थी। क्रांति दल में सदस्यों को **'तरुण'** कहते थे। ये लोग तरुण नाम से बहुत ज्यादा चर्चित हो गए थे। उन्होंने अपना नाम भी बदल लिया था। अंग्रेजों ने कुछ ही दिनों में क्रांतिकारियों को तितर-बितर कर दिया। वे लोग पकड़े जाने के भय से कभी नागपुर के कर्नल बाग तो कभी मोहिनी बाग में एवं मंदिरों व मस्जिदों में अपना समय व्यतीत करते थे। इन्हीं स्थानों पर अस्त्र-शस्त्र और गुप्त कार्य योजना बनाते थे।

अंग्रेजों के अत्याचार बढ़ गए थे। उन्होंने इनके गुप्त ठिकानों पर पुलिस दस्तों के साथ छापे मारने प्रारंभ कर दिए। छापे के दौरान क्रांतिकारियों को वहां से भागना पड़ा और इनके स्थानों से देश के लिए एकत्र की गई धन-राशि पुलिस लूटकर ले गई। क्रांतिकारियों को अपना स्थान बदलने पर विवश होना पड़ा।

नागपुर के क्रांति दल से वर्ष 1917 के दशक में वामनराव धर्माधिकारी और तेलंग एक साथ गोवा गए। वहां पर कुछ लोग गैर-सरकारी बंदूकें-कारतूस बनाया करते थे। वामनराव ने अपने सहयोगियों का परामर्श लेकर कुछ बंदूकें-कारतूस खरीदे। पैसे कहां थे जो हर क्षेत्रों के लिए खरीदते।

1918 में क्रांतिकारियों ने यह पता लगाया कि गोरे सैनिकों के लिए किस ट्रेन से गोला-बारूद आता है। किसी तरह उन्हें यह जानकारी प्राप्त हो गई कि एक स्थान से दूसरे स्थान पर कब और कितने समय गाड़ी का

आना-जाना रहता है। तत्पश्चात् रात्रि के समय उन्होंने स्त्री-वेश धारण कर रेलगाड़ियों में भरी बंदूकें-कारतूस लूटना प्रारंभ कर दिया। यह कार्य करने में क्रांतिवीर कई बार सफल हुए। इस प्रकार चोरी का अभियान पंजाब, राजस्थान, नागपुर, गोवा, सभी स्थानों पर सफलतापूर्वक पूर्ण हो गया।

पुलिस प्रशासन इनके कार्य से आश्चर्यचकित था। पुलिस प्रशासन ने क्रांतिकारियों को पकड़ने का अभियान दिन-प्रतिदिन तेज कर दिया। इन बंदूक-चोरों को पकड़ने के लिए उन्होंने घर-घर, शहर-शहर छापे मारे। इस दौरान अनेक देशभक्त पकड़े गए। जो भी व्यक्ति पकड़ा जाता, उसकी हर प्रकार से मार-मशक्कत होती थी। उस समय अंग्रेजों की पकड़ मज़बूत सिद्ध हो रही थी।

जब यह समाचार डॉ. हेडगेवार को प्राप्त हुआ तो वे चिंतित हो उठे। उनके अधिकतम कार्यकर्ता जेलों में बंद थे। इस दुःख से पीछा छुड़ाने के लिए उन्होंने तिलक को पत्र लिखकर सहयोग की कामना की। तिलक को जब पूना में पत्र मिला तो वे तुरंत नागपुर चले आए। दोनों ने दो दिन तक साथ रहकर यह योजना बनाई कि 'जिन भारतीयों ने विश्व युद्ध को जिताने में साथ दिया था, वे मांग करें कि क्रांतिकारियों को सरकार वायदे के अनुसार स्वतंत्र करे।' सारे भारतीयों पर इस बात का बड़ा प्रभाव पड़ा। अंग्रेजों को आज़ादी कब देनी थी। वे विवश होकर शांत हो गए। लेकिन फिर, कुछ दिनों बाद कैदियों को रिहा करना पड़ा।

इसी बीच पी. एस. खानखोजे ने 'गदर पार्टी' की स्थापना की। इस पार्टी ने तिलक और हेडगेवार के प्रस्ताव को निरस्त कर उनका साथ देने से साफ इंकार कर दिया था। पार्टी में कुछ दिनों से एकतरफा राजनीति पनपने लगी थी। इसी समय गांधी जी की कांग्रेस भी बुलंदियों पर थी। क्रांतिकारियों में कोई गांधी जी के विचारों से सहमत था तो कोई हेडगेवार के विचारों से। इस फूट से पुलिस वालों के सफलता हाथ लगी। कई व्यक्ति आपस में लड़ मरे।

इस लड़ाई में सैकड़ों की संख्या में भारत के क्रांतिकारियों को जेल का मुंह देखना पड़ा। हेडगेवार ने इस दुःख भरे समय में सभी केंद्रों से क्रांतिकारियों को बुलवाकर नागपुर में बैठक रखी। इस बैठक के बाद हेडगेवार ने जमा अस्त्र-शस्त्रों को नष्ट कर डाला। हेडगेवार की जीवन भर की मेहनत चंद दिनों में बेकार हो गई। अब उनकी मानसिक स्थिति

बिगड़ गई थी, परंतु अंतर्मन से उन्होंने हार नहीं मानी। तिलक जैसे वीर सेनानियों को मांडले की जेल में समय बिताना पड़ा। हेडगेवार को छोड़कर सभी बड़े नेताओं को जेल में डाल दिया गया था। कुछ क्रांतिकारी अंग्रेजों की सेना में भर्ती हो गए थे। उनमें से आवदे भी एक थे। इस संबंध में हेडगेवार ने अपने उद्‌गार व्यक्त करते हुए कहा :

"आवदे! तुमने यह प्रशिक्षण ब्रिटेन से युद्ध लड़ने के लिए लिया था। तुम्हारे इस सैन्य प्रशिक्षण से देशहित का कुछ लेना-देना नहीं है। अगर तुम युद्ध लड़ने मोर्चे पर गए होते और दुर्भाग्य से मारे जाते तो तुम्हारी मृत्यु को साम्राज्यवाद को मज़बूत करने वाला अपवित्र कार्य माना जाता।"

आवदे ने इसके प्रत्युत्तर में कहा—"अपने पूज्य नेता लोकमान्य तिलक की लेखनी से प्रभावित होकर मैंने ऐसा किया था।"

तब हेडगेवार ने उन्हें समझाते हुए कहा—"लोकमान्य द्वारा दिए गए सुझाव को भी सोच-विचार कर ही अपनाना चाहिए।"

प्रथम विश्व युद्ध के प्रति तिलक के दृष्टिकोण से हेडगेवार के मन में असंतुष्टि का भाव उत्पन्न हो गया था। यही कारण था कि उनके मन में तिलक के प्रति जो लंबे समय से आदर का भाव था, उसमें थोड़ी कमी आ गई थी।

डॉ. हेडगेवार समय की प्रतीक्षा कर रहे थे। वे भगवान् से दुआ करते हुए जेल में बंद कैदियों के लिए एकादशी का व्रत भी कर रहे थे। कुछ लोग हेडगेवार के विचारों से प्रभावित होकर उनकी पार्टी से जुड़ना चाहते थे। कुछ तिलक जैसे व्यक्तियों की आलोचना में लगे थे। हेडगेवार तिलक जैसे महान् व्यक्तियों की किसी से आलोचना नहीं सुन सकते थे। वे तुरंत उन्हें डांट देते थे। हेडगेवार उसी को सच्चा देशभक्त मानते थे जिसके अंदर पूर्ण मर-मिटने की भावना हो। वे कहते थे कि श्रद्धा ही व्यक्ति की कसौटी होती है।

कुछ लोग जो जेल में बंद थे, कुछ महीनों के बाद छूट गए थे। वे पुनः हेडगेवार से मिलना चाहते। लेकिन वे तुरंत मिलने से इंकार कर देते और कहते कि साम्राज्यवाद फैलाने वाले व्यक्ति कभी देशभक्त नहीं हो सकते। हेडगेवार कहा करते थे—"मैं आदमी की नहीं, उसके त्याग, समर्पण और बलिदान की पूजा करता हूं।"

•••

5

परिवार में वापसी

कोलकाता की फूट देखकर डॉ. हेडगेवार ने अपने घर लौटने का विचार बना लिया। उनकी डॉक्टरी भी पूरी हो चुकी थी। इसलिए वे पुनः अपने घर नागपुर आ गए। जब इनके परिवार के सदस्यों ने इन्हें देखा तो उनकी खुशी का ठिकाना नहीं रहा। परिवार को एक नई आशा की किरण दिखी।

हेडगेवार जिस स्थिति में घर को छोड़कर गए थे, वह उसी स्थिति में था। परिवार के लोग फाके कर रहे थे। घर के सभी सदस्य वही पुराना पैतृक कार्य करके अपनी जीविका चला रहे थे। जब हेडगेवार ने बताया कि उन्होंने डॉक्टरी की शिक्षा पूर्ण कर ली है तो परिवार के लोग बहुत खुश हुए।

गरीब परिवार के लिए यह एक असंभव कार्य था। हेडगेवार अब अपने परिवार के लिए कुछ करना चाहते थे। जब उन्होंने कार्य प्रारंभ किया, उस समय डॉक्टरों का बहुत अभाव था। उन्होंने स्वयं का अस्पताल खोलने का मन बना लिया था। यह एक कठिन कार्य था।

अस्पताल के लिए पैसे का अभाव सामने आ गया। डॉ. हेडगेवार स्वाभिमानी व्यक्ति थे, इस कारण किसी मित्र या रिश्तेदार से मदद लेना उन्हें स्वीकार्य नहीं था। इस कारण अपने गांव में ही एक छोटे-से मकान में प्रैक्टिस शुरू कर दी। अपने साधनों को सीमित कर जीना सीखा। उन्होंने कभी भौतिक साधनों का सहारा नहीं लिया।

डॉ. हेडगेवार की प्रैक्टिस बहुत ही कम समय में चल निकली। अब हेडगेवार, परिवार के लिए एक बड़े सहारे सिद्ध हो रहे थे।

कोलकाता में वे सबकुछ छोड़कर आ गए थे। इस बात से

कोलकाता के सदस्य हमेशा दुःख प्रकट करते थे। वे स्वयं से साक्षात्कार करते कि उन्होंने यह सही किया या गलत; इसका अनुमान लगाते रहते। वे कभी किसी गुरु के पास नहीं गए। सभी निर्णय स्वयं लिए।

आदमी यदि संघर्ष करता है तो नए रास्ते, नई भूमिका स्वयं ही तैयार हो जाती है।

अविवाहित रहने का निर्णय–

अब हेडगेवार जवान हो चुके थे। परिवार की आशा बढ़ गई थी। घर के लोग उनका एक नया चेहरा देखना चाहते थे। परंतु हेडगेवार अपनी आदत से मज़बूर थे। देशभक्ति का वही पुराना रोग उखड़ने लगा था। साथ में कुछ बचे क्रांतिकारी हेडगेवार को पुनः देशभक्ति के लिए प्रेरित करने लगे थे। परंतु अभी पूर्ण निर्णय नहीं लिया था। एक निर्णय पहले ही ले चुके थे—भीष्म पितामह बनने का। कुछ दिनों में यह निर्णय लिया, ''मैं किसी भी दल का संगठन नहीं करूंगा; जो बन पड़ेगा, दूर रहकर देश-सेवा करूंगा।''

इस कार्य के लिए आपसी मित्र, शुभचिंतकों का दबाव पड़ रहा था। शादी के लिए उम्र को देखते हुए रिश्ते आने प्रारंभ हो गए थे। परंतु उन्होंने परिवार से साफ मना करते हुए कहा कि 'मेरे पथ की सही मंज़िल तय नहीं है इसलिए मैं शादी नहीं करना चाहता।"

परिवार के साथ-साथ पड़ोसी, मित्रों और सामाजिक लोगों ने भी उन पर विवाह के लिए दबाव बनाया, परंतु सभी असफल रहे। इस प्रकार हेडगेवार ने किसी की भी न मानकर, आजीवन ब्रह्मचर्य जीवन व्यतीत किया।

वर्ष 1916 का समय था। नागपुर में प्लेग की बीमारी फैली थी। हर व्यक्ति इस रोग से परेशान था। इसमें हेडगेवार के बड़े भाई महादेव हेडगेवार भी चल बसे।

उन्हीं दिनों उनके मित्र आबाजी ने पत्र-व्यवहार शुरू किया। उनका मन पुनः केंद्रित हो रहा था। भारत को परतंत्रता से मुक्त करवाना उनका सपना था। आबाजी ने उन्हें घर की सेवा के साथ-साथ देश-सेवा करने का परामर्श भी दिया। देश-सेवा के संबंध में हेडगेवार ने पुनर्विचार करना प्रारंभ कर दिया और वे घर बैठे-बैठे क्रांतिकारियों को मार्गदर्शन देने लगे थे। उनके जीवन ने नाटकीय दौर प्रारंभ कर दिया था। हेडगेवार

जी के मन में गुलाम भारत के प्रति हमेशा श्रद्धा का भाव रहता था। इसी कारण वे पुनः धीरे-धीरे उत्तेजित होने लगे थे।

आगे किस प्रकार जिदंगी को बढ़ाया जाए, इसके लिए उन्होंने अपने चाचा को पत्र लिखा—"मैं इस दुःख भरे समय में क्या करूं?' चाचा ने उत्तर में लिखा—"आप स्वयं समझदार हैं। चाहे तो देश-सेवा करने में कोई बुराई नहीं है।"

चाचा के पत्र को पढ़कर हेडगेवार के मन ने एक नई अंगड़ाई ली। और वे देश-सेवा के लिए समर्पित हो उठे। उन्होंने प्रतिज्ञा की कि 'अब जो भी परिणाम निकले, हम देश-सेवा के प्रति सदा समर्पित रहेंगे।' इस सौगंध को डॉ. साहब आजीवन निभाते रहे। वे कई सामाजिक संगठनों को मार्गदर्शन देते रहे और एक प्रेरणास्रोत बने रहे। उनकी डॉक्टरी की पढ़ाई बेकार सिद्ध हुई। वे अपने बचे समय में बैठके आयोजित करने एवं प्रशिक्षण देने का कार्य करने लगे थे। वे स्वयंसेवकों से कहते थे—"हमारा प्रचार-प्रसार मत करो, न ही किसी आयोजन में स्वयं को अतिथि बनाओ।"

आबाजी चाहते थे कि हेडगेवार उनका मार्गदर्शन करें। उन्होंने हेडगेवार को पत्र लिखा–

"परिवार में रहकर भी देश-सेवा की जा सकती है। आज के दिन भी ऐसे एक नहीं, अनेक राष्ट्रभक्तों के उदाहरण हमारे सामने हैं। परिवार राष्ट्र कार्य में बाधक होने की जगह जीवन को संपूर्णता देकर उसमें अप्रत्यक्ष रूप से सहायता ही करता है। यह जीवन को संतुलन प्रदान करता है। परिवार को आगे बढ़ाना उतना ही बड़ा दायित्व है जितना देश-सेवा करना।"

देश-सेवा की प्रतिज्ञा–

हेडगेवार जी पर इस पत्र का बहुत गहरा प्रभाव पड़ा। उन्होंने परिवार के लिए एक संदेश लिखकर उन्हें अपने मनोभाव से अवगत करवाया। उन्होंने लिखा–

"विवाह न करने का निर्णय मैंने सोच-समझकर लिया है। घर-गृहस्थी बसाकर मैं पारिवारिक दायरे में सिमटना, जीविकोपार्जन की चिंता में उलझना नहीं चाहता हूं। मेरे मन में जो भी भावना है, वह है राष्ट्र के प्रति

तन-मन-धन से सेवा करने की है। मैं राष्ट्र को विदेशी दासता से मुक्त देखना चाहता हूं। इसलिए मुझे हिंसा एवं अहिंसा—दोनों ही मार्ग प्रिय हैं। हिंदुस्तान की दासता नई नहीं है। दासता की शृंखला रही है। ऐसा क्यों? यह प्रश्न मेरे मन को उद्वेलित करता रहता है।

हम आज यदि परतंत्र हैं तो इसका कारण हमारी कायरता है। हमें एक राष्ट्र, शुद्ध राष्ट्रीयता और भ्रातृत्व का बोध नहीं है। तभी तो मुट्ठी भर अंग्रेजों ने करोड़ों लोगों को गुलामी की जंज़ीर में बांध रखा है। न सिर्फ क्रांतिकारियों पर जुल्म किए जा रहे हैं। पं. अर्जुन लाल शेठी अहिंसावादी हैं और कारावास में उन्हें घोर कष्ट का सामना करना पड़ा।

मेरे मन में प्रश्न उठता है—क्या हम अंग्रेजों को परास्त नहीं कर सकते हैं? और इसका समाधान मुझे राष्ट्र के लिए सर्वस्व न्योछावर करने में दिखाई पड़ रहा है। मेरे मन, तन, बुद्धि, विवेक, आत्मा—सबमें एक ही बात का बोध है कि यदि राष्ट्र को संगठित करने, राष्ट्रीयता का प्रसार करने, लोगों में हीनता का भाव दूर करने का कार्य किया जाए तो जीवन का इससे बड़ा सकारात्मक सदुपयोग और कुछ भी नहीं हो सकता।

यह सत्य है कि विवाहित रहकर भी नारायणराव, विनायकराव सावरकर, लोकमान्य तिलक, महात्मा गांधी आदि देशभक्तों ने राष्ट्र के लिए अथक कार्य किया है। परंतु मेरे मन की बनावट भिन्न है। मैं विवाह के लिए एकदम प्रेरित नहीं हो पा रहा हूं। मुझे हर क्षण सामाजिक एवं राष्ट्रीय दायित्वों का बोध होता रहता है और मैं अपने एक शरीर, एक आत्मा और एक मन को बांट नहीं सकता। मैं विवाह करके किसी कन्या को मेरी बाट जोहने के लिए छोड़ना नहीं चाहता, न ही घर में अंधेरा करके सामाजिक दायित्वों में मग्न रहने की मेरी इच्छा है।

आज मेरे मन में किसी प्रकार का अंतर्द्वंद्व नहीं है। मैं अपने निर्णय पर अटल हूं। यह निर्णय मेरी प्रकृति के अनुकूल है।"

इस प्रकार हेडगेवार ने विवाह न करके देश-सेवा करने की जो प्रतिज्ञा की थी, उसे जीवनभर निभाया। उनकी इसी प्रतिज्ञा के विषय में 'केसरी' ने अपने संपादकीय में लिखा था—"चिकित्सा व्यवसाय के लिए पूर्ण रूप से योग्य होने के बावजूद उस व्यवसाय में न जाने एवं विवाह न करने का निर्णय राष्ट्रसेवा के भाव से प्रेरित था और अपने इस व्रत को उन्होंने जीवनपर्यंत निभाया।"

हेडगेवार स्वयं को कभी देशभक्त नहीं मानते थे। कुछ लोगों ने कार्यक्रमों में उन्हें देशभक्त की संज्ञा दी। तब उन्होंने उसका उत्तर देते हुए कहा था—"यह परिचय अपमानास्पद है। यदि कोई मेरा यह परिचय कराए कि 'मैं मनुष्य हूं' तो कैसा लगेगा? क्या यह अपमानास्पद नहीं होगा? क्या यह न समझा जाए कि मैं मनुष्य हूं—यह खासतौर पर न बताने पर लोग हमें मनुष्य नहीं समझेंगे, ऐसा मुझमें कुछ अवश्य है? इसी तरह 'यह देशभक्त है'—ऐसा कहने पर मुझे लगता है कि क्या कुछ दिखाने का यत्न तो नहीं है कि मैं अंदर से ऐसा नहीं हूँ। किसी भी देश में जन्म लेने वाला व्यक्ति उस देश का जन्मजात 'भक्त' होता है और उसे वैसा ही होना चाहिए।"

जो लोग देशभक्ति का राग आलापते थे, उनके बारे में हेडगेवार जी ने कहा था—"मुझे लगता है कि यह प्रथा हमारे देश में है; अन्य किसी भी देश में ऐसी मूर्खतापूर्ण प्रथा संभव नहीं है। देशभक्त जन्मते हैं, बनाए नहीं जाते। देशभक्ति का बोध तो मां की गोद से ही होने लगता है। यह स्वयंसिद्ध है।"

हेडगेवार ने देशभक्ति के दस सूत्र बताए हैं। ये दस सूत्र हैं–

1. संपूर्ण समाज में एकात्म-भाव का आविष्कार करना;
2. व्यक्ति निरपेक्ष रहकर समष्टिनिष्ठ जीवन का पवित्र गंगा प्रवाह;
3. समाज एवं राष्ट्र को ही सर्वोच्च देवी-देवता मानकर उसी की आराधना करना;
4. व्यक्तिगत आकांक्षाओं से अधिक राष्ट्र की आवश्यकताओं एवं अपेक्षाओं को महत्त्व;
5. जिस समाज में हमारा जन्म हुआ है, उसकी परंपरा एवं संस्कृति के प्रति लगाव एवं आदर;
6. समाज/राष्ट्र के उत्कर्ष, विकास के लिए सर्वस्व समर्पण करने के निमित्त आत्मस्फूर्त करने वाली प्रेरणा शक्ति;
7. देशभक्ति का अर्थ है—हम जिस भूमि एवं समाज के लिए जन्मे हैं, उस भूमि एवं समाज के लिए आत्मीयता और प्रेम;
8. समाज के जीवन-मूल्यों के प्रति विवेकपूर्ण निष्ठा;
9. भौतिकताओं से दूर रहकर मातृभूमि और उसकी संतानों की निःस्वार्थ सेवा;

10. मातृभूमि के चरणों में अनन्य निःस्वार्थ कर्तव्य एवं कठोर जीवन कुसुमों की मादक सुगंध भरना।

इन्हीं कसौटियों पर वे संगठनकर्ता एवं संघर्षशील व्यक्ति के रूप में आजीवन कार्य करते रहे।

हेडगेवार ने यहां जो उदाहरण प्रस्तुत किए हैं ये अपने जीवन के अनुभव के आधार पर लिखे हैं। पहली बात, जिस परिवार में हमारा जन्म हुआ है, पहले हम उसके प्रति समर्पित हों और तदंतर मातृभूमि में अच्छे फूल खिलाना, जिसकी मादक सुगंध दसों दिशाओं में फैले।

•••

6

जन आंदोलन का मार्ग

कांग्रेस की सदस्यता–

उस समय गांधीवादी आंदोलन चरम पर था। डॉ. हेडगेवार ने विचार किया कि 'हमें नए संगठन को जोड़ना पड़ेगा। इसलिए बने-बनाए संगठन में जुड़ जाना चाहिए। फिर हमें संगठन जोड़ना नहीं पड़ेगा।' वे गांधी जी से पूर्व परिचित थे। उनके आदर्श लोकमान्य तिलक इस मंच से अपनी आवाज़ बुलंद कर रहे थे। अत: डॉ. हेडगेवार ने भी कांग्रेस की सदस्यता ग्रहण कर ली और कांग्रेस में रहकर जन-जागृति का कार्य प्रारंभ कर दिया।

गांधी जी की विचारधारा हेडगेवार से भिन्न थी। हेडगेवार कुछ हिंसावादी भी थे। हेडगेवार अपने सदस्य को पिटता नहीं देख सकते थे। उनका एक ही लक्ष्य था—भारत को स्वतंत्र देखना; लक्ष्य की तरफ बढ़ते रहना। उन्होंने अपने सदस्यों से अपील की कि 'राष्ट्रवादी व्यक्ति अगर मन लगाकर देशभक्ति करे तो हम कम समय में अंग्रेजों को भगा देंगे। परंतु कुछ लोग गुलाम रहना पसंद करते हैं। यदि भारत का प्रत्येक व्यक्ति राष्ट्रभक्त है तो फिर भारत गुलाम क्यों है?' इस बात का लोगों पर गहरा प्रभाव पड़ा और हर शहर में आंदोलन की आवाज़ तेज हो गई। इस आवाज़ से घबराकर अंग्रेजों ने अपना मत रखा की आप देश में अहिंसा के स्थान पर शांति दिवस मनाए। परंतु भारत के लोगों ने विरोधी दिवस मनाया।

विरोधी दिवस की आवाज़ दिन-प्रतिदिन बुलंदियों पर थी। हेडगेवार की मुहिम साकार होती नज़र आने लगी। उन्हीं दिनों कांग्रेस ने एक हिन्दी पत्रिका **'संकल्प'** के प्रकाशन का निश्चय किया और हेडगेवार

को इसकी ज़िम्मेदारी सौंपी। क्योंकि हेडगेवार पहले भी कई पत्र-पत्रिकाएं प्रकाशित कर चुके थे और उन्हें सदस्य बनाने का भी अच्छा अनुभव था। इस बात को ध्यान में रखकर कांग्रेस ने उद्देश्य रखा कि हेडगेवार तीन वर्ष का सदस्यता शुल्क इकट्ठा करें। इस कार्य को कठिन बताते हुए डॉ. हेडगेवार ने डॉ. मुंजे को लिखा–

"कांग्रेस के नेता बहुत अच्छे वक्ता हैं। वे पहले ही भाषण से मोहित कर लेते हैं। परंतु दो-तीन दिनों के बाद लोगों के मन से उनके भाषण का असर समाप्त हो जाता है क्योंकि कांग्रेसी नेता धनोपार्जन में व्यस्त रहते हैं।"

जैसे-तैसे 'संकल्प' नामक हिन्दी साप्ताहिक पत्रिका प्रकाशित हुई। इस पत्रिका के लिए डॉ. हेडगेवार ने जनता से बहुत संबंध बनाए पर वे कुछ हद तक ही कामयाबी प्राप्त कर सके। क्योंकि पहले ही अधिकतर पत्र-पत्रिकाओं का प्रकाशन बंद हो चुका था। पैसे का सही प्रयोग न हो पाने के कारण जनता में अविश्वास की भावना उत्पन्न हो गई थी। अपनी लगन व कठोर मेहनत के बल पर उन्होंने पत्रिका के लगभग एक हज़ार सदस्य बनाए।

कड़ी धूप, वर्षा, सर्दी आदि झेलकर उन्होंने इतनी बड़ी मंज़िल तय की। उस समय आवागमन के साधनों की कमी थी। अतः उन्होंने सैकड़ों मील का रास्ता पैदल चलकर तय किया और पत्रिका के लिए आवश्यक धन एकत्रित किया। हेडगेवार जी जो भी कार्य हाथ में लेते थे, उसे पूर्ण निष्ठा के साथ करते थे। इस जन-सम्पर्क से उनका नाता दूर-दराज तक हो गया था। साथ ही देश को प्रतिदिन सैकड़ों नए क्रांतिकारियों की बढ़त मिल रही थी।

जब हेडगेवार वापस कांग्रेसियों से मिले तो उन्हें अपने प्रति कुछ तल्खी महसूस हुई। उन्होंने कहा—"कांग्रेसी नेता अपना उल्लू सीधा करने के लिए दूसरों का उपयोग करके निकाल फेंकते हैं।"

इन सब बातों से हेडगेवार ने डॉ. मुंजे को अवगत कराया। एक पत्र के अनुसार जब हेडगेवार डॉ. साल्पेकर से मिलने हरदा पहुंचे तो उन्होंने हेडगेवार को कहा—"आप जल्दी दूसरी गाड़ी पकड़कर घर चले जाएं।"

इसका कारण केवल यही था कि हेडगेवार पर उन दिनों पुलिस की

निगरानी थी। साल्पेकर एक बड़े नेता के रूप में जाने जाते थे, इसी कारण हेडगेवार उनसे मिलने गए थे। लेकिन 'नाम बड़े दर्शन छोटे' यह मुहावरा चरितार्थ हुआ। इनसे कोई सहायता न मिलने पर हेडगेवार ने छोटे लोगों से सम्पर्क बढ़ाया। छोटे लोगों से सम्पर्क में सम्मान एवं पूर्ण सहयोग प्राप्त हुआ।

हेडगेवार के सहयोग व लगन से कांग्रेस के पास पर्याप्त धन जुट चुका था। कांग्रेस ने एक बड़े आयोजन की रूपरेखा तय कर ली थी। इससे पहले इतना बड़ा आयोजन नागपुर में नहीं हुआ था। हेडगेवार के समर्थकों के और गांधी के समर्थकों के विचार कभी मेल नहीं खाते थे, इसी कारण बड़े कार्यक्रम नहीं बन पाए। अब कांग्रेस हेडगेवार के कंधे से कंधा मिलाकर चलने को तैयार थी। हेडगेवार के सुझाव और लगन से यह कार्यक्रम पूर्ण सफल हुआ। इस कार्यक्रम में अच्छी खासी भीड़ एकत्रित हुई थी।

तिलक का अवसान–

उन्हीं दिनों देश को एक बड़ा आघात लगा। 1 अगस्त, 1920 को लोकमान्य तिलक का देहावसान हो गया। तिलकवादी लोगों में अंधकार छा गया। तिलक एक सक्रिय नेता तो थे ही साथ में अच्छे गुणों के लिए भी जाने जाते थे।

उनके जाने के बाद अब तिलकवादी नेता कांग्रेस को सहायता देने में असमर्थता जताने लगे थे। वहीं तिलक की मृत्यु के बाद महात्मा गांधी कांग्रेस के नायक के रूप में उभरे।

गांधी जी ने हेडगेवार को कांग्रेस का सचिव बनाया। गांधी जी को इनसे अच्छा व्यक्ति सम्पूर्ण भारत में दिखाई नहीं दे रहा था। उनके पक्ष में हर व्यक्ति अपना समर्थन देने लगता था। हेडगेवार ने पहले कांग्रेस के संयुक्त सचिव के रूप में कार्य प्रारंभ किया था।

अरविंद घोष एक संत व्यक्ति थे। हेडगेवार ने इस संत से कुछ सहायता की अपेक्षा की कि कांग्रेस को इनका मार्गदर्शन भी अच्छा रहेगा।

एक संत होने के कारण अरविंद घोष का राजनीति में रुझान नहीं था। परंतु वे भारत के सच्चे भक्तों में से थे। वे पांडिचेरी चले गए थे। वहां श्री घोष ने हेडगेवार को नकारात्मक उत्तर दिया। बहुत प्रयास के

बाद श्री घोष ने कहा कि वे अपने पत्र के माध्यम से उत्तर देंगे। उत्तर आने में बहुत देर हो गई थी। हेडगेवार ने तार द्वारा उत्तर मांगा। तब उन्होंने अपने उत्तर में लिखा कि 'पुनर्विचार असंभव है।'

तिलक के बाद विजयराघवाचार्य कांग्रेस के अध्यक्ष बने। हेडगेवार ने उन्हें हर प्रकार से सहायता करने का वचन दिया। कांग्रेस में लगभग सभी उम्र में उनसे बड़े थे परंतु हेडगेवार के अंदर विवेक इतना ओजपूर्ण था कि उनके सामने सभी नतमस्तक होते थे। वे प्रशिक्षक के रूप में कांग्रेस के लगभग 1200 सदस्यों की बागडोर संभाल रहे थे। डॉ. हेडगेवार की मदद से यह ऐसा पहला प्रशिक्षण दल था जिसमें इतनी बड़ी संख्या में सदस्यों ने प्रशिक्षण लिया था।

अब तक डॉ. हेडगेवार एक निष्ठावान और विश्वासपात्र कार्यकर्ता के रूप में सारे भारतवर्ष में पहचाने जाने लगे थे। कांग्रेस ने इनके सामने प्रस्ताव रखा कि 'वे कांग्रेस के अध्यक्ष बने।' परंतु उन्होंने कहा कि 'वे स्वेच्छानुसार इस संस्था की सेवा करेंगे।' यह भी कहा कि कांग्रेस का कर्तव्य है—'भारत को अंग्रेजों के अत्याचारों और गुलामी से मुक्त कराना। यदि यह स्वप्न साकार नहीं होगा तो सारी मेहनत बेकार सिद्ध होगी।'

•••

7

असहयोग आंदोलन

18 अगस्त, 1920 को अंग्रेजों के साथ असहयोग पर कार्यसमिति का गठन किया गया। इस समिति में एक वर्ष में किए जाने वाले कार्यक्रमों को निर्धारित किया गया था। इसके सदस्य थे—डॉ. चोलकर, मनोहर पंत बोबड़े, आर. एन. पाध्ये एवं विश्वनाथराव केलकर।

डॉ. हेडगेवार ने निर्णय लिया कि पहला अधिवेशन कांग्रेस के नेतृत्त्व में सितम्बर 1920 में कोलकाता में आयोजित किया जाएगा। डॉ. हेडगेवार ने छोटी-बड़ी संस्थाओं को एक साथ लेकर असहयोग आंदोलन को शांतिपूर्वक सफल बनाया। इस अधिवेशन में महात्मा गांधी ने सभी की शंकाओं का समाधान करके सभी को संतुष्ट किया।

दूसरा अधिवेशन नागपुर में कांग्रेस के नेतृत्व में हुआ था। इस अधिवेशन में मराठी लोगों को साथ लेकर 'राष्ट्रीय महायज्ञ' प्रारंभ किया गया। इस सभा में घर-घर जाकर जन-सम्पर्क करने की योजना बनी। छोटी-छोटी बैठकें व पत्र-व्यवहार की रणनीति तैयार हो चुकी थी। इन बातों की अंग्रेजों को हवा भी नहीं लगी थी। जिस प्रकार चुनाव का प्रचार-प्रसार होता है, ठीक उसी प्रकार आंदोलन का प्रचार प्रारंभ हो चुका था। मराठों की तरफ से डॉ. हेडगेवार इस अभियान को हवा दे रहे थे। हेडगेवार क्रांतिकारियों को तन-मन-धन से तैयार कर रहे थे।

इसके बाद प्रत्येक क्रांतिवीर को प्रशिक्षण देने की योजना बनी जिससे अंग्रेजों का सामना किया जा सके। हेडगेवार ने तत्संबंधी संस्था के सभी सदस्यों को अवगत करा दिया कि संस्था की आर्थिक दशा कमज़ोर होने के कारण प्रशिक्षण के दौरान रहने-खाने की व्यवस्था व्यक्ति को स्वयं करनी होगी। इस प्रशिक्षण में जितने भी कार्यकर्ता भाग लेते थे, वे

स्वयं प्रशिक्षण का भार उठाते थे। इन कठिन परिस्थितियों में हज़ारों लोगों ने प्रशिक्षण में भाग लेकर आंदोलन को मज़बूती प्रदान की।

नशामुक्त आंदोलन–

तदंतर हेडगेवार ने दूसरा विषय ढूंढ़ा जिससे सामाजिक लोग भी कांग्रेस के साथ जुड़ जाएं—**'नशामुक्त नागपुर'**। इस नशामुक्त आंदोलन को देखकर अंग्रेज चुपचाप चले जाते थे। इसी आंदोलन के चलते हेडगेवार अपनी योजना को सफल बनाते थे।

नशामुक्त आंदोलन से गरीब तबके के लोगों ने शराब पीना छोड़ दिया। शराबखानों पर ताले पड़ने लगे। इस अभियान से दोनों कार्य सफल सिद्ध हुए और अंग्रेजों की तिजोरियां हलकी पड़ने लगीं। सरकार को उस समय करोड़ों का घाटा उठाना पड़ा। हेडगेवार ने कहा—"नागपुर में जो भी शराब की दुकान हो, उसे बंद करवा दो। जो भी शराब पीए, उस व्यक्ति को परेशान कर दुकान से भगा दो। सारे शराबखाने बंद कर दो। पूरा नागपुर शराब मुक्त होना चाहिए।"

घाटे को देखते हुए अंग्रेज सरकार ने लोगों की ओर ज्यादा ध्यान देना शुरू किया। साथ में वे उन्हें प्रताड़ित भी करते थे। उन्होंने हेडगेवार को बंदी बनाने का आदेश दे दिया। इसके विरोध में डॉ. हेडगेवार अपने साथियों के साथ सड़कों पर उतर आए और पुलिस प्रशासन का डटकर मुकाबला किया। इस पर जिला अधीक्षक जेम्स इरविन द्वारा हेडगेवार को एक नोटिस प्राप्त हुआ। इस नोटिस में लिखा था—"मैं आप पर सभा करने, सभा में भाग लेने और किसी भी प्रकार से आम सभाओं से जुड़ने पर एक महीने तक के लिए प्रतिबंध लगाता हूं।"

अब हेडगेवार ने सड़कों पर आकर इस नोटिस के विरुद्ध खुला प्रदर्शन किया। उनकी सफलता देखकर अंग्रेजी सरकार बौखला गई।

जिन गरीब परिवारों की स्थिति में सुधार हुआ, उन्हीं गरीबों ने हेडगेवार का तन-मन-धन से साथ दिया। अब नागपुर के लोग शराब को छोड़कर अपनी रोजी-रोटी कमाने में जुट गए थे। और अंग्रेजों की नींद उड़ गई थी। हेडगेवार ने शराब पीने पर पाबंदी के बाद परिवार-नियोजन एवं अशिक्षा पर भी विशेष बल दिया। इसके बाद वे एक के बाद एक नया मुद्दा उठाते रहे। इन मुद्दों को लेकर हेडगेवार घर-घर जन-जागृति

की अलख जगाते थे। इन सब कार्यों पर लोगों का ध्यान केंद्रित हो गया। धीरे-धीरे लोगों को जाग्रत करने वाले ये कार्यक्रम मलिन बस्तियों में ज्यादा लोकप्रिय हो गए। छोटे तबके के लोग जब इन सभी योजनाओं को समझ गए तो वे नागपुर के अलावा अन्य शहरों में भी आम सभाओं का आयोजन करने लगे।

परिवार नियोजन और सफाई अभियान को तेजी से फैलता देखकर अंग्रेजों ने कई बेगुनाह लोगों को जेल की हवा खिला दी। अंग्रेज नहीं चाहते थे कि भारत का नागरिक सचेत हो। इसलिए अच्छे कार्यों में अंग्रेज विघ्न डालते थे।

कारावास–

इस प्रकार के अभियान पर पाबंदी न लगी तो वर्ष 1921 में दल के नेता हेडगेवार को जेल में डाल दिया गया। उनके जेल में बंद हो जाने पर डॉ. चोलकर एवं समीमुल्ला खां जैसे लोगों ने इस बागडोर को संभाला। कांग्रेस का दाहिना हाथ खूब मज़बूती प्राप्त कर चुका था। अब कांग्रेस सर्वश्रेष्ठ दल के रूप में उभर चुकी थी। इसकी बराबरी में देश में कोई पार्टी नहीं थी। गांधी जी का नाम दिन दूने रात चौगुने पूजा जाने लगा। जेल में बंद हेडगेवार अंग्रेजी अत्याचारों का सामना कर रहे थे। हेडगेवार के सहयोग से कांग्रेस ने अंग्रेजों के मंसूबों पर पानी फेर दिया था। कांग्रेस के सामने अंग्रेजी सेना प्रतिदिन नए-नए हथकंडे प्रयोग करती थी। लेकिन वे हथकंडे बेकार सिद्ध हो जाते थे। अंग्रेजों के लिए जब कुछ नहीं बचा तो वे पुराने ढर्रे पर आ गए। जिसको देखते, उसी पर मुकदमा चला देते क्योंकि उनकी चाल पहले से रही थी कि भारत के लोग अशिक्षित व बेरोज़गार बैठे रहें। जिससे सदा अंग्रेजों के सामने हाथ फैलाते रहें और गुलाम बने रहें। वे अपना जुल्म बढ़ाते रहे।

31 मई, 1921 को हेडगेवार पर 'राजद्रोह' का मुकदमा चलाया गया। हेडगेवार की ओर से नागपुर के प्रसिद्ध वकील बोबड़े, विश्वनाथराव केलकर, बाबासाहब पाध्ये, बलवंतराव मंडलेकर और बाबूराव हरकरे न्यायालय में जिरह करने के लिए उपस्थित हुए। मुकदमा चला। गवाही, पेशियां हुईं।

अंत में उनके मुकदमे का निर्णय करने के लिए 19 अगस्त की तिथि निर्धारित हुई।

19 अगस्त को न्यायालय खचाखच भरा हुआ था। दोपहर के साढ़े बारह बज रहे थे। लोग अपने प्रिय नेता के भाग्य का फैसला सुनने के लिए एकत्रित हुए थे। अपना निर्णय सुनाते हुए न्यायाधीश ने कहा—"आपके भाषण निःसंदेह राजद्रोहपूर्ण हैं। अतः एक वर्ष तक आप इस तरह का भाषण नहीं करेंगे, इसका आश्वासन देते हुए एक-एक हज़ार रुपये की दो जमानतें और एक हज़ार रुपये का एक मुचलका दें।"

निर्णय सुनकर हेडगेवार ने औपनिवेशिक शासन व्यवस्था को ललकारते हुए कहा—"आपको जो भी निर्णय देना है, दें। मैं दोषी नहीं हूं। मेरी अंतर्रात्मा की आवाज़ है कि मैं निर्दोष हूं। सरकार अपनी इस दमनकारी नीति से पहले से जल रही आग में घी डालने का ही काम कर रही है। मुझे विश्वास है कि जल्दी ही विदेशी सत्ता को अपने किए पर प्रायश्चित्त करने का समय आएगा। मुझे सर्वशक्तिमान ईश्वर के न्याय पर भरोसा है। अतः जमानत देना मुझे मंजूर नहीं है।"

डॉ. हेडगेवार के ओजपूर्ण भाषण को सुनने के बाद न्यायाधीश ने उन्हें एक वर्ष की सजा दी। हेडगेवार पुलिस के साथ जैसे ही कोर्ट से बाहर आए, उनके अभिनंदन के लिए खड़े सैकड़ों लोगों ने उन्हें घेर लिया। उन्होंने हेडगेवार जी का फूलों से अभिनंदन किया। इस अभिनंदन में गोखले, मुंजे, विश्वनाथराव, समीमुल्ला आदि लोग सम्मिलित थे। हेडगेवार ने जेल के बाहर शांति बनाए रखने पर बल दिया और एक वर्ष की प्रतीक्षा करने के लिए कहा।

हेडगेवार अंग्रेजों से रिहाई की भीख नहीं मांग सकते थे, इसलिए वे जेल गए थे। जेल जाने से पहले उन्होंने विशाल जन-समूह को संबोधित करते हुए कहा-

"राजद्रोह के इस मुकदमे में मैंने अपना पक्ष रखा। आजकल यह धारणा है कि जो बचाव करेगा, वह देशद्रोही है। अपना बचाव किए बिना खटमल के समान रगड़े जाना मुझे ठीक नहीं लगता। हमें सरकार की नीचता को जरूर उजागर करना चाहिए। इसमें भी देश-सेवा है। उल्टे बचाव न करना आत्मघातक है। आपको बचाव करने में आनंद नहीं

आए, तो मत कीजिए, परंतु ऐसा करने वालों को हेय दृष्टि से नहीं देखना चाहिए।

मातृभूमि की रक्षा करने हेतु जेल तो क्या, काले पानी जाने या फांसी के तख्ते पर लटकने को भी हमें तैयार रहना चाहिए। परंतु जेल जाना मानो स्वर्ग है, वही स्वातंत्र्य-प्राप्ति है—इस प्रकार का भ्रम नहीं पालना चाहिए। केवल जेल जाने से हमें स्वराज्य मिलेगा, यह मत समझिए। जेल न जाकर, बाहर रहकर राष्ट्रसेवा अनेक तरह से की जा सकती है। मैं एक वर्ष बाद वापस आऊंगा। तब तक देश के हाल-चाल का पता मुझे नहीं चल पाएगा। परंतु हिन्दुस्तान को पूर्ण स्वतंत्रता प्राप्त कराने का आंदोलन शुरू रहेगा, ऐसा मेरा विश्वास है। हिन्दुस्तान को अब और अधिक विदेशी सत्ता के अधीन रखना संभव नहीं है। उसे गुलामी में ज्यादा दिन नहीं रखा जा सकता। आप सबका हृदय से आभार मानकर एक वर्ष के लिए आज्ञा लेता हूं।"

अब हेडगेवार के खेमे में उथल-पुथल मच गई थी। 19 अगस्त के दिन गोविंदराव देशमुख एवं कांग्रेस के वरिष्ठ सदस्यों ने, साथ में युवा पीढ़ी ने कई प्रकार से पुलिस का विरोध किया। आम जनता के साथ समाचार पत्र-पत्रिकाएं भी हेडगेवार के समर्थन में लिख रही थीं। अमरावती के 'उदय़ा' के सम्पादक ने अपनी कलम से लिखा–

"न्यायालय में हेडगेवार का वक्तव्य स्पष्ट एवं सरल था। यद्यपि डॉ. चोलकर की तरह ही उन्होंने स्वतंत्रता के लक्ष्य का प्रतिपादन किया तथापि उन्हें एक वर्ष के सश्रम कारावास की सज़ा हो गई। इस प्रकार की सज़ा नौकरशाही पर आधारित व्यवस्था के खिलाफ आक्रोश एवं घृणा पैदा होने से नहीं रोक सकती।"

हेडगेवार ने स्वतंत्रता के संबंध में कोई समझौता नहीं किया। वे चट्टान की भांति डटे रहे। उनके त्याग के आगे अंग्रेजों को मात खानी पड़ी।

अजनी जेल में–

वे नागपुर की अजनी जेल में बंद थे। उनका अड़ियल व्यवहार अंग्रेजों को कब पसंद आया था। पुलिस अधिकारियों ने उन पर कड़ी निगरानी रखने का निर्देश दिया था। पुलिस जेल में भी हेडगेवार के पीछे लगी रहती थी। हेडगेवार ने जेल के अंदर रघुनाथ रामचंद्र पाठक,

पंडित राधा मोहन गोकुल जी, वीर हरकरे एवं इनामुल्ला खां—इन चार आंदोलनकारियों से मुलाकात की। वे पहले से ही सश्रम कारावास झेल रहे थे।

हेडगेवार छोटे-मोटे मुकदमों में अनेक बार जेल गए थे। एक प्रकार से जेल जाना वे अपनी शान समझते थे। कुछ लोग उनको समझाते थे कि 'बार-बार जेल नहीं जाना चाहिए। इससे देश-सेवा में बाधा आती है।' कुछ लोगों का मत था कि 'हेडगेवार बार-बार जेल के अंदर रहकर देशभक्ति क्यों करते हैं?' इस प्रकार के विरोध का समाधान आवश्यक था। इसलिए महाराष्ट्र के गोपालराव ओगले ने समझौता करवाने की चेष्टा की। गोपालराव ओगले लिखते हैं–

"डॉक्टर हेडगेवार अपने द्वारा प्रतिपादित सिद्धांत के विरुद्ध जेल गए। जेल जाने से डर गया—इस प्रकार का लोकापवाद न आए, इसलिए उन्हें जेल जाना आवश्यक प्रतीत हुआ। लोकापवाद बड़े-बड़ों को कसौटी पर कसता है। इसी लोकापवाद के भय से भगवान् रामचंद्र ने सीता जी को निष्पाप जानते हुए भी वनवास दिया था। उसी प्रकार डॉक्टर जी को यह विश्वास होते हुए भी कि जेल में संसार से कटकर निष्क्रिय बैठने की अपेक्षा वे बाहर रहकर राष्ट्रीय आंदोलन के लिए अधिक काम कर सकेंगे, वे लोकापवाद से बचने के लिए सहर्ष जेल गए। **'लोकापवादो बलवान्मतो'**—भगवान् रामचंद्र का यह वाक्य सभी सार्वजनिक जीवन जीने वालों को आचरण में लाना पड़ता है। हमें यह पूर्ण विश्वास है कि स्वेच्छा से जेल गए डॉक्टर हेडगेवार अपने जेल जीवन में स्वार्थ-त्याग का उदाहरण प्रस्तुत करके और अधिक प्रदीप्त होकर नागपुर की उदयोन्मुख पीढ़ी का नेतृत्व करने एवं अपने विशुद्ध स्वातंत्र्य के ध्येय का प्रतिपादन करने शीघ्र ही हमारे बीच आएंगे।"

हेडगेवार जेल काट रहे थे। वहां कुछ लोग उनके आदर्शों पर चलते तो कुछ इनका विरोध करते थे।

जेल के अंदर जब छोटी-छोटी बातों को लेकर कभी-कभी आपसी मन-मुटाव हो जाता था, तब वे कैदियों को रामायण, महाभारत की कथाएं सुनाते थे। इस प्रकार वे धार्मिक कहानियां सुनाकर लोगों के हिंसात्मक जीवन को बदलने का कार्य करते। उनका लोगों से कहना था कि 'अपनी मानसिक स्थिति को कभी कमज़ोर मत होने दो।' वे एक

साधु जैसा जीवनयापन कर रहे थे। उनके इस सात्विक जीवन से एक जेल अधिकारी—नीलकंठराव जठार भी प्रभावित हुए बिना नहीं रह सके। वे उनका बहुत सम्मान करते थे। वे अक्सर कहते थे—"आप राजनीतिक बंदी नहीं, एक धार्मिक व्यक्तित्व वाले महर्षि लगते हैं।"

नीलकंठराव जठार एक कठोर अधिकारी के रूप में विख्यात थे। परंतु हेडगेवार के जीवन से प्रभावित होकर उन्होंने देशभक्ति और राष्ट्रप्रेम को महत्त्व देना आरंभ कर दिया। वे एक वर्ष तक हेडगेवार के साथ रहे थे और उनके मित्र बन गए।

अब हेडगेवार के मित्र नीलकंठ ने अपना आंदोलन जेल में छेड़ दिया। एक बार नीलकंठराव ने एक क्रांतिकारी को जेल से कचहरी ले जाते समय रास्ते में से भगवा दिया। इस प्रकार का खेल वे कई बार खेल चुके थे, क्योंकि उनके अंदर देश के प्रति अपार श्रद्धा पनप चुकी थी।

नीलकंठराव के सहयोग से डॉ. हेडगेवार ने 13 अप्रैल, 1922 को जेल में जलियांवाला कांड दिवस मनाया। इस दिवस पर किसी भी कैदी ने जेल में काम नहीं किया और न ही किसी ने खाना खाया। इस कार्यक्रम में सायंकाल एक शांति सभा और भाषणबाजी भी हुई। जब इस कार्यक्रम की भनक अंग्रेज अफसरों को लगी तो उन्होंने दूसरे दिन इन सभी क्रांतिकारियों को अलग-अलग प्रकार से सज़ा सुनाई।

इधर जेल के बाहर क्रांतिकारियों के अनेक नए संगठन तैयार हो रहे थे। वे इस इंतजार में थे कि डॉ. हेडगेवार जब भी जेल से मुक्त हों वे अंग्रेजों के ऊपर धावा बोल दें।

11 जुलाई, 1922 को हेडगेवार को जेल से मुक्त कर दिया गया।

समाचार पत्रों का लिखना था कि डॉ. हेडगेवार के छूटने से भगवान् भी बहुत प्रसन्न हुए, क्योंकि उन दिनों सूखा छाया हुआ था। लोग त्राहि-त्राहि कर रहे थे। सायंकाल जब हेडगेवार जेल से निकले, तब से धीमी बारिश शुरू हो गई और जब वे घर पहुंचे तो मूसलाधार वर्षा होने लगी। भरपूर वर्षा होने से लोगों में खुशी की एक लहर दौड़ गई।

हेडगेवार जब जेल से रिहा होकर अपने घर आए, 'महाराष्ट्र' ने अपनी सम्पादकीय में लिखा–

"उनकी देशभक्ति सभी विवादों से परे है। उन्होंने जेल में अपनी निष्ठा साबित की। उनके असाधारण त्याग से उनमें जन्मजात देशभक्ति

का गुण और भी चमकने लगा है। उनका जेल जीवन पूरी तरह से निष्कलंक रहा है।"

महाराष्ट्र के विभिन्न पत्र-पत्रिकाओं ने पहले ही लिख दिया था कि डॉ. हेडगेवार के बिना देश को स्वतंत्र करवाना असंभव है। वे यही टिप्पणी पुनः दोहरा रहे थे कि 'जिन्होंने जेल के कैदियों को भी अपने विचारों में ढाल लिया, उन्हें कौन परास्त कर सकता है।' समाचार पत्रों द्वारा जब यह समाचार फैला कि हेडगेवार जेल से छूट चुके हैं तो विभिन्न प्रांतों के लोगों ने स्वागत समारोह तथा आम सभाएं करनी प्रारंभ कर दी। वहां डॉ. हेडगेवार के भाषण हुआ करते थे। जनता उनकी एक झलक पाने के लिए बेचैन रहती थी।

जब उनके भाषणों का आयोजन होता था तो जनता खाना-पीना छोड़कर भाषण सुनने अवश्य जाती थी। डॉ. हेडगेवार की सभाओं में तालियों की जो गड़गड़ाहट होती थी, उस आवाज़ से अंग्रेजों के ऊपर वज्रपात होता था।

एक सभा डॉ. खरे के नेतृत्व में हुई। इस सभा में हज़ारों क्रांतिकारियों का तांता लगा। उनके स्वागत में सम्पूर्ण गगन मंडल में फूलों की बारिश दिखाई दी। जहां से हेडगेवार का निकलना होता था, वहां घरों के ऊपर से फूलों की बारिश की जाती थी। जयघोष का नारा गूंजता था। इस प्रकार का माहौल हो जाता था मानो भारत आज़ाद हो गया हो। इस प्रकार का स्वागत देखकर हेडगेवार अपने आप पर व्यंग्य कसते थे और अंग्रेजों का अपने ऊपर एहसान मानते थे। वे अंग्रेजों के संबंध में कहते थे-

"एक वर्ष सरकार का मेहमान रहने के कारण मेरी योग्यता अथवा पहचान नहीं बढ़ी है और यदि बढ़ी है तो उसके लिए हमें सरकार का ही आभार मानना चाहिए।"

हेडगेवार को दिखावा बिल्कुल पसंद नहीं था। वस्तुतः जिसने त्याग-समर्पण आदि कर दिया हो उसके लिए इस प्रकार का स्वागत कोई मायने नहीं रखता।

इन बातों के बाद उन्होंने अपने अहम मुद्दे पर आकर सभी भारतवासियों को सचेत किया कि 'उन्हें आज़ादी के लिए और अधिक बढ़-चढ़कर संघर्ष करना है। यही उनका लक्ष्य और कर्तव्य है। इस स्वतंत्रता को प्राप्त करने

के लिए कोई भी रास्ता अपनाना पड़े, पीछे मत हटना।' इस प्रकार के शब्दों को सुनकर गांधी जी उनका विरोध करते थे।

हेडगेवार स्वतंत्रता प्राप्ति के संबंध में कहते थे–

"राष्ट्र के सम्मुख सबसे उत्तम एवं श्रेष्ठ लक्ष्य रखना चाहिए और पूर्ण स्वतंत्रता की प्राप्ति से कम कोई भी ध्येय रखना उपयुक्त नहीं होता। इसकी प्राप्ति का मार्ग कौन-सा हो, इस विषय में स्वतंत्रता संग्राम के इतिहास को भली-भांति समझने वाले आज के श्रोताओं को कुछ भी बताना उनका अपमान करने के समान होगा। यह बात जरूर है कि स्वतंत्रता के लिए संघर्ष करते हुए यदि मृत्यु का भी वरण करना पड़े तो उसकी चिंता नहीं करनी चाहिए। स्वतंत्रता का संघर्ष चलाने में जहां ध्येय हमेशा उच्च स्तर का होना चाहिए, वहीं दिमाग संतुलित होना चाहिए।"

जेल से बाहर आने के बाद डॉ. हेडगेवार पूरी तरह से सक्रिय हो चुके थे। गांधी जी असहयोग आंदोलन चला रहे थे। लेकिन चौरी चौरा (उ.प्र.) में हिंसा की घटनाओं के बाद उन्होंने यह आंदोलन स्थगित कर दिया। अहिंसा के पुजारी गांधी जी के मन में निराशा फैली थी। हेडगेवार के दल में प्रसन्नता फैली थी।

इसी समय विधान परिषद् का चुनाव आ गया। चितरंजन दास, मोतीलाल नेहरू आदि नेतागण इस चुनाव का नेतृत्व करने के विषय में सोच रहे थे। इस चुनावी परिदृश्य में दास और नेहरू को लोगों ने सहयोग दिया। कुछ लोग इस चुनाव में गांधी जी को लाना चाहते थे परंतु बी. जी. खापर्डे, डॉ. मुंजे आदि नेतागण—गांधी जी के विरोध में थे।

इस चुनावी माहौल में एक नई पार्टी का गठन हुआ जिसे नाम दिया गया—'स्वराज पार्टी।' इस पार्टी में अधिकांश मराठी लोग थे। यह दल एक शक्तिशाली संगठन के रूप में उभर चुका था।

कुछ लोगों ने डॉ. हेडगेवार को वहां आमंत्रित किया लेकिन वे किसी दूसरे दल में शामिल नहीं होना चाहते थे। उन्होंने कहा— "आंदोलन स्वराज पार्टी भी कर रही है और हम भी कर रहे हैं। फिर एक दल से दूसरे दल में जाकर अपने लोगों को क्यों छोड़ें।"

इसी बीच कुछ कांग्रेसजन हेडगेवार की प्रसिद्धि से ईर्ष्या करने लगे थे। वे प्रचारित करने लगे कि हेडगेवार को स्वागत-समारोह बहुत भाते

हैं। यह सुनकर हेडगेवार ने अपने स्वागत पर साफ तौर पर पाबंदी लगा दी। अब स्वतंत्रता के प्रति लोगों को पाठ पढ़ाना और उन्हें देश के लिए तैयार करना हेडगेवार का मुख्य कार्य था। मराठी लोग उनसे अधिक प्रसन्न रहते थे तो दूसरी जाति के लोग नेहरू और गांधी जी का साथ देने लगे थे।

हेडगेवार ने जिस मेहनत से युवाओं को अपनी डगर पर चलने के लिए प्रेरित किया था अब वे ही युवा उनका साथ छोड़कर नेहरू और गांधी का साथ दे रहे थे। परंतु हेडगेवार अपनी बल-बुद्धि का सहारा लेकर अपना संघर्ष आगे बढ़ाते रहे। उस समय वे किसी से भी कोई शिकायत नहीं करना चाहते थे और कांग्रेस के हर कार्यक्रम में सबसे आगे दिखाई देते थे।

16 दिसम्बर, 1922 को एक महत्त्वपूर्ण बैठक में सोमाजी पाटील, मोरेश्वर हेडगेवार, डॉ. हेडगेवार, बलवंतराव दीक्षित, पंडित नर्मदा प्रसाद आदि लोगों ने विदेशी संस्कृति एवं गो-हत्या का विरोध करते हुए इस बात पर बल दिया कि ऐसे कार्यों पर पाबंदी लगाई जाए। इस विषय पर देश के बड़े-बड़े नेता सहमति व्यक्त कर रहे थे। अब हेडगेवार के कंधे कुछ मज़बूत हो गए थे। उन्होंने यह कार्य किसी राजनीतिक दल के साथ मिलकर करने से इंकार कर दिया। अब उनके सहयोगी भी गांधी जी के कार्यक्रमों में सहभागिता निभाना नहीं चाहते थे। इस पर हेडगेवार ने सभी सदस्यों का मत जाना। इसके बाद सदस्यों का दो दलों में विभाजन हो गया।

हेडगेवार कांग्रेस के महामंत्री बनकर देशसेवा कर रहे थे। हेडगेवार को ही सभी पदभार बांटने की अनुमति दी गई थी। हेडगेवार के प्रयास से कांग्रेस के लोगों ने **'झंडा सत्याग्रह'** किया।

•••

8

वर्धा परिषद् की स्थापना

डॉ. हेडगेवार के सहयोगी दो गुटों में विभाजित हो गए थे—उनमें एक गुट गांधीवादी था तो दूसरा हेडगेवारवादी। जब दोनों गुटों के लोगों के विचार नहीं मिले, तब हेडगेवार ने 1923 में नागपुर में वर्धा परिषद् सभा की स्थापना की।

इस संस्था के माध्यम से उन लोगों की सहायता की जाने लगी जो देशहित में अपनी जान गंवा चुके थे या जो लोग क्रांति दल में सम्मिलित थे। एक सम्मेलन के दौरान छह शर्तों पर निर्णय लिया गया–

1. जेल में बंद रहे आंदोलनकारियों का आम सभा में मान-सम्मान क.रना।
2. जेल में बंद क्रांतिकारियों के परिवारों के लिए रोजी-रोटी का प्रबंध करना जिससे वे भूखे न रहें।
3. हर प्रांत में संस्था का गठन करना।
4. संस्था के लोगों के लिए मिलकर धन एकत्रित करना।
5. अंग्रेजों के अत्याचारों से जख्मी लोगों की मरहम-पट्टी करना।
6. छह माह के भोजन की व्यवस्था करना।

इन सब स्थितियों से निबटने में डेढ़ वर्ष व्यतीत हो गए। इस समय कांग्रेस की स्थिति भी अच्छी नहीं थी। कांग्रेस के सदस्यों के बीच फूट नज़र आने लगी थी।

हेडगेवार दोनों संगठनों को मज़बूती प्रदान करने में लगे थे।

कांग्रेस पार्टी की संख्या दिन-प्रतिदिन घटती नज़र आ रही थी। इस बात से हेडगेवार चिंतित थे। कांग्रेस पार्टी में नेताओं में आपसी फूट पड़ गई थी। हेडगेवार इनको उबारने में लगे थे।

भारत को स्वतंत्र कराने के लिए हेडगेवार ने एक लक्ष्य रखा इसलिए अब वे वर्धा परिषद् का प्रचार-प्रसार समाचार तथा पत्र-पत्रिकाओं के माध्यम से भी करने लगे थे। वे कभी भी अपने आपको नायक नहीं समझते थे। वे सदा देशहित में कार्य किया करते थे। इसलिए नागपुर में लोग उन्हें 'कबीर' कहकर भी पुकारने लगे थे। इस समय डॉ. हेडगेवार का सितारा एकदम गर्दिश में डूबा हुआ था। दल टूट जाने से वे भी एकदम टूट से गए थे। उनके दल की सदस्य संख्या बिल्कुल गिर चुकी थी, परंतु उनकी आशा अभी समाप्त नहीं हुई थी। नकारात्मक या सकारात्मक की लड़ाई उन्होंने सदा लड़ी थी। उसका उन्हें बहुत अनुभव था। परंतु अब वे मानो एक चक्रव्यूह में फंस चुके थे। उन्होंने हर परिस्थिति से समझौता करना सीखा था।

जब उनके सामने कोई रास्ता नहीं बचा तो उन्होंने समाचार पत्रों का सहारा लेना उचित समझा। वे पत्र-पत्रिकाओं द्वारा अपने विचार लोगों तक पहुंचाने में लगे थे, क्योंकि उस समय सभाओं पर पाबंदी थी। अखबारों में पढ़कर, जो लोग निष्क्रिय थे, वे सक्रिय होने लगे थे। कुछ महीनों बाद उनको सकारात्मक उत्तर मिलना प्रारंभ हो गया।

'स्वातंत्र्य' का प्रकाशन–

पत्र-पत्रिकाएं अब भी डॉ. हेडगेवार के संबंध में सही समाचार नहीं दे रही थी, इसलिए उन्होंने समय को देखते हुए एक समाचार-पत्र का प्रकाशन प्रारम्भ कर दिया। इसका नाम 'स्वातंत्र्य' था। यह दैनिक पत्र था। इस पत्र के प्रथम अंक में उनके विचार इस प्रकार थे–

"भारतीय राष्ट्रीय कांग्रेस गत तीन वर्षों से भारत के राजनीतिक उद्देश्य की पूर्ति के लिए सफलतापूर्वक काम कर रही है। लेकिन इस प्रश्न का अब तक सही समाधान नहीं हो पाया है। इस दैनिक की शुरुआत स्पष्ट एवं बिना किसी लाग-लपेट के भारत के राजनीतिक उद्देश्य को परिभाषित करने के लिए की गई है। इसका नाम 'स्वातंत्र्य' रखा गया है जो इस बात का सूचक है कि अब समय आ गया है जब आत्मनिर्भरता एवं स्वतंत्रता की भावना प्रबल रूप से स्थापित हो, जो पहले की भिक्षावृत्ति की नीति से बिल्कुल विपरीत है। भारत माता के सम्मान और परंपरा को ध्यान में रखते हुए यह दैनिक लोगों के सामने आदर्श प्रस्तुत करने का भरपूर प्रयास करेगा।"

एक अन्य लेख में हेडगेवार ने लिखा–

"स्वतंत्रता का जो हमारा उद्देश्य है वह किसी खास दल मात्र का लक्ष्य न होकर पूरे राष्ट्र का लक्ष्य है और यह आशा की जाती है कि सभी दल अपने मतभेदों को भूलकर इस समान उद्देश्य की प्राप्ति हेतु एकताबद्ध होकर कार्य करेंगे।"

कुछ दिनों बाद ही हर व्यक्ति की जुबान पर 'स्वातंत्र्य' का नाम था। प्रथम प्रकाशन में ही इस पत्र की 1200 प्रतियां हाथों–हाथ बिक गईं थीं। दिन–प्रतिदिन इसकी संख्या बढ़ती जा रही थी। इसका प्रभाव 'महाराष्ट्र' पत्र पर पड़ा। उसकी पाठकों की संख्या कम होती गई। हेडगेवार अपने लेखों द्वारा अंगार बरसा रहे थे। यह समाचार पत्र बिना विज्ञापनों के चल रहा था, क्योंकि कोई भी इस पत्र में विज्ञापन देने का जोखिम उठाने को तैयार नहीं था।

जब भारतीय नेताओं ने ब्रिटेन के प्रधानमंत्री के भारत–दौरे पर एक स्वागत समारोह का प्रस्ताव रखा तो हेडगेवार ने अपने पत्र के माध्यम से उनकी खूब आलोचना की। 22 फरवरी, 1924 के अंक में उन्होंने लिखा—"हमारी राय में यह स्वराज्य पार्टी की घोषित नीतियों के विपरीत कार्य है।"

जब मोरोपंत ने मध्यप्रांत के गृहमंत्री का पद प्राप्त किया था तो स्वातंत्र्य के 27 सितम्बर, 1924 के अंक में हेडगेवार ने उन पर अपनी तीखी टिप्पणी करते हुए लिखा था–

"क्या सम्मानीय गृहमंत्री को यह मालूम नहीं है कि श्रीमान (गोपाल कृष्ण) गोखले, जिन्हें वे अपना गुरु मानते हैं, ने अपनी स्वतंत्रता बनाए रखने के लिए वाइसराय की कार्यकारी परिषद् की सदस्यता एवं 'नाइटहुड' का सम्मान स्वीकार नहीं किया था और वे ब्रिटिश राज के परंपरागत भक्तों, समर्थों और शास्त्रियों की श्रेणी में नहीं आते हैं?"

भारत के कुछ लोग अंग्रेजी सम्मान प्राप्त होने पर परेशान रहने लगे थे, वहीं कुछ लोग इसे अपना सौभाग्य समझ रहे थे और अंग्रेजों को हृदय से सम्मान दे रहे थे। जब हेडगेवार अंग्रेजों का विरोध करते तो भारतीय लोग उनका सम्मान करते थे। इसी समय एक युवक गोपीनाथ साहा ने एक अंग्रेज अधिकारी अर्नेस्ट डे को मार गिराया।

इस हत्या के बाद ब्रिटेन ने भारत पर और अधिक अत्याचार करना शुरू कर दिया था। 'स्वातंत्र्य' ने साहा के कार्य को उचित ठहराते हुए लिखा–

"यूरोपीय संघ ने मृतक के परिवार के साथ भावभीनी संवेदना व्यक्त की है। हम यह समझ पाने में असमर्थ हैं कि संघ जालियांवाला बाग की त्रासदी से, जिसमें पंजाब की मार्शल लॉ व्यवस्था के अंतर्गत निर्दोष लोगों की निर्मम हत्या हुई थी, क्यों नहीं विचलित हुआ था? सच्चाई तो यह है कि इस प्रकार की हत्या—दमन की कार्रवाई का प्रत्यक्ष परिणाम है।"

'स्वातंत्र्य' के तीखे लेखों के कारण कोई भी अंग्रेज इसे पसंद नहीं करता था और कुछ विदेशी रंग में रंगे भारतीय भी इसे नापसंद करने लगे थे। अंग्रेजों के डर से विज्ञापन भी नहीं मिलते थे। इसलिए दिन–प्रतिदिन इस पत्र की संख्या गिरती चली गई। लगातार घाटे के कारण इसको दैनिक के स्थान पर साप्ताहिक करना पड़ा। कुछ दिनों बाद इसे 8 पृष्ठ के स्थान 4 पृष्ठों का करना पड़ा। आखिरकार वर्ष 1925 में इसे बिल्कुल बंद कर दिया गया। इस पत्र के 1 मई, 1924 के अंक में छपा लेख बहुत प्रसिद्ध हुआ। उस लेख के कुछ अंश:

"भारत इस गंभीर समस्या का सामना कर रहा है कि देश को विदेशी दासता से कैसे मुक्त कराएं। समस्या तब और भी गंभीर हो जाती है जब हम पाते हैं कि हमारे शत्रु अंग्रेज हमसे अधिक मज़बूत एवं अनुभवी हैं। इस तथ्य से कुछ लोगों की धारणा बन गई है कि पूरब की राजनीतिक परिस्थिति का सफलतापूर्वक सामना करने में अक्षम है। लेकिन भारत के इतिहास को चंद्रगुप्त से लेकर शिवाजी तक देखने से साफ पता चलता है कि हमारी राजनीति भारत में ब्रिटेन के अधिनायकवाद को परास्त करने में पूर्णतः सक्षम है।"

स्वतंत्रता की लड़ाई में डॉ. हेडगेवार ने हानि कभी नहीं देखी। उन्होंने अपने पत्र को एक सफल समाचार पत्र बताया क्योंकि प्रथम प्रकाशन के बाद उनके पत्र ने समस्त अखबारों की संख्या घटाकर रख दी थी।

व. ण. शेंडे एक बहुत अच्छे लेखक थे। वे सदा डॉ. हेडगेवार के पक्ष में लिखते थे। उन्होंने एक लेख द्वारा बताया कि '1915 से

1924 के उनके जीवन के दस वर्षों में न तो परिवार की गरीबी सुधरी और न ही उन्होंने डॉक्टरी जीवन को अपने जीवन में उतारा। उन्हें बस एक ही धुन थी—देश की आज़ादी की। रात-दिन आंखों में सपना लिए घूमते रहे। नए-नए दल बनते-बिगड़ते रहे और उन्हें संतुष्ट रहने का कार्य करते रहे।'

डॉ. हेडगेवार एक क्रांतिकारी ही नहीं, महान् विचारक, ओजपूर्ण वक्ता और स्नेही व्यक्ति के रूप में भी अवतरित हुए थे। 'वंदेमातरम्' का प्रथम बिगुल फूंकने का श्रेय डॉ. हेडगेवार को ही जाता है।

•••

9

राष्ट्रीय स्वयंसेवक संघ का गठन

हेडगेवार बचपन से ही देशभक्ति के रंग में ऐसे रंगे कि उन्हें अपनी और अपने परिवार की सुध तक न रही। स्कूल से लेकर डॉक्टरी तक की पढ़ाई के दौरान वे स्वतंत्रता संघर्ष में जुटे रहे। डॉक्टरी उत्तीर्ण करने के बाद भी देशहित ने उन्हें इस पेशे से दूर रखा—इधर वे स्वतंत्रता संघर्ष में जुटे रहे, उधर उनका परिवार पूर्ववत् गरीबी से जूझता रहा।

ओछी राजनीति भी उन्हें रास नहीं आई, जहां नेतागण स्वार्थ के चलते शत्रुओं का सत्कार करने से भी पीछे नहीं रहते थे। अंततोगत्वा ऐसी राजनीति से उन्होंने पीछा छुड़ाना ही बेहतर समझा और पूरे राष्ट्र को एक सूत्र में पिरोने के उद्देश्य से 1925 में विजयदशमी के दिन एक नया संगठन बनाया। मजे की बात यह रही कि संगठन बन गया, उसने कार्य भी शुरू कर दिया, लेकिन उसका नामकरण नहीं हुआ।

छह महीने बाद 17 अप्रैल, 1926 को **'राष्ट्रीय स्वयंसेवक संघ'** इसका नामकरण हुआ।

जब गांधी जी को पता चला कि हेडगेवार ने नया दल बनाया है तो उन्होंने उनसे मुलाकात की और प्रश्न किया—"आपने कांग्रेस में रहकर स्वयंसेवकों का दल क्यों नहीं खड़ा किया, अलग से क्यों शुरू किया?"

हेडगेवार ने प्रत्युत्तर देते हुए कहा—"स्वयंसेवकों के बारे में मेरी कल्पना अलग है। स्वयं आगे बढ़कर; अपने निजी स्वार्थ छोड़कर देश का काम करने वालों को मैं तैयार करना चाहता हूं। परंतु यह काम राजनीतिक दल का अंग बनकर कदापि संभव नहीं होगा। मेरा विश्वास है कि ऐसे समर्पित कार्यकर्ताओं के बलबूते ही राष्ट्र का सभी क्षेत्रों में उत्थान हो सकता है।"

स्वयंसेवक भी कुछ इसी प्रकार के प्रश्न करते थे, जिन्हें हेडगेवार इस प्रकार समझाते थे—"देखो, अब हम विद्युत उत्पादन के काम में लगे हुए हैं। आगे चलकर संघ कई कल्याणकारी योजनाओं में ऊर्जा पहुंचाने का कार्य करेगा।"

हेडगेवार ने राजनीति से दूर रहकर इस संघ की स्थापना करना सही समझा। उन्होंने अलग संगठन इसलिए बनाया ताकि इससे जुड़े व्यक्ति समाज के लिए कुछ नया कर सकें। जब हेडगेवार ने संघ की स्थापना की तब उन्हें देखकर कई सामाजिक, राजनीतिक तथा पारिवारिक व्यक्तियों ने इसे व्यर्थ समझा। नेतागण के पूछे जाने पर वे इस प्रकार उत्तर देते थे—"राष्ट्र के लिए स्वयं समर्पित होकर निःस्वार्थ भाव से देश-सेवा हो सके, यही मेरा लक्ष्य है। यह संघ न तो राजनीतिक रहेगा, न कोई राजनीति करेगा।"

संघ का उद्देश्य जानने के लिए संघ के लोग भी उनसे प्रश्न पूछते थे और हेडगेवार उनकी शंका का समाधान करते थे।

संघ को आगे बढ़ाने के लिए डॉ. हेडगेवार ने नई कार्य पद्धति अपनाई थी। पहला कार्य था, शाखा लगाना। उसके लिए एक निश्चित स्थान होता था। उसी स्थान पर समस्त कार्यकर्ता गणवेश में इकट्ठे होते थे। सामने एक भगवा ध्वज गाड़ा जाता था। उसी ध्वज के सामने संघ के लोग कतार लगाकर खड़े होते थे। स्वयं सेवकों के लिए सभी निर्देश संस्कृत भाषा में रखे गए। प्रथम वंदना, राष्ट्रगीत गाते थे। फिर सूर्य-नमस्कार, व्यायाम आदि के बाद भगवान् से यह प्रार्थना करते थे कि 'हम राष्ट्र के प्रति अपना कर्तव्य पूर्ण निष्ठा और लगन से कर सकें।' कभी-कभी वे भारतीय खेल खेलते थे। यह कार्य प्रतिदिन प्रातःकाल और सायंकाल होता था। जब कभी सुबह शाखा नहीं लग पाती तो सायंकाल अवश्य लगाते थे। शाखा समाप्त होते ही बैठकर चर्चा करते और नए लोगों को जोड़ने के लिए प्रेरित करते तथा शाखा से संबंधित कर्तव्यों को समझाते।

नागपुर में कुछ ही महीनों में संघ सफलतापूर्वक चलने लगा। फिर विभिन्न जगहों पर शाखा खोलने का कार्य होने लगा। संघ के लोग मलिन बस्तियों में जाकर साक्षरता अभियान भी चलाते थे। साथ ही गांवों के बच्चों को सदाचार, सद्व्यवहार, बड़ों की सेवा करना, चरण-स्पर्श करना आदि संस्कार सिखाए जाते। जिन लोगों ने सिलाई

सीखी थी, वे गांव के गरीब लोगों को सिलाई सिखाते या अन्य उपयोगी रोज़गार सिखाने का कार्य करते।

धीरे-धीरे संघ के लोग पूरे भारतवासियों को अपने परिवार के रूप में समझने लगे थे। इससे भाऊजी कावरे, अण्णा सोहोनी, विश्वनाथ केलकर, बालाजी हुद्दार, बापूराव भेदी आदि प्रतिष्ठित लोग जुड़े हुए थे।

इसी समय 1925 में हिन्दू राष्ट्रवादी स्वामी सत्यदेव का भी भ्रमण चल रहा था। इसी भ्रमण में डॉ. हेडगेवार स्वामीजी से मिले। स्वामी सत्यदेव ने अपने उद्‌गार इस प्रकार व्यक्त किए थे–

"यह मानना बिल्कुल गलत होगा कि हिन्दू संगठन मुसलमानों के विरुद्ध हैं। हिन्दुस्तान हमारा सब कुछ है, यह निष्ठा और बलवती करने के लिए एक हिन्दू संगठन की आवश्यकता है।"

हिन्दू धर्म के प्रति समर्पित राजा राममोहन राय ने **'ब्रह्म समाज'** की स्थापना की। साथ में स्वामी दयानंद सरस्वती ने **'आर्य समाज'** को स्थापित कर हिन्दू धर्म का प्रचार-प्रसार किया। भारत की संस्कृति के साथ हिन्दुओं में आपसी मेल-जोल बढ़े, इस परम्परा को आगे बढ़ाने के लिए भारत के साधु-संतों ने अहम् भूमिका निभाई। साधु-संतों में शंकराचार्य, रामानुज तथा जैन समुदाय के लोगों ने हिन्दू धर्म की रक्षा के लिए अनेक कार्य किए। बाद में शिव, वैष्णव, सिख आदि सम्प्रदायों के लोगों ने नाना प्रकार से हिन्दू धर्म का प्रचार-प्रसार किया तथा समानता का पाठ पढ़ाया।

ऋषि-मुनियों ने कहा—**"हिन्दुवः सहोदराः सर्वे"** अर्थात् हिन्दू लोग एक मां की संतान हैं। यह मूल मंत्र **'विश्व हिन्दू परिषद्'** के संतों ने फैलाया। हिन्दू धर्म के प्रचार-प्रसार करने वालों ने वेद, उपनिषद्, योगशास्त्र, पुराणों आदि को भारतीय अमूल्य निधि बताते हुए कहा—"हम इनके बताए हुए मार्ग पर चलकर हिन्दू धर्म की रक्षा कर सकते हैं।"

संघ के साथ अन्य संगठनों द्वारा भी केरल, तमिलनाडु, बंगाल आदि जगहों पर हिन्दू धर्म को लेकर प्रशिक्षण शिविर लगाए गए तथा उन शिविरों में पूजा-पाठ आदि करने के ढंग, योगशास्त्र का विधि-विधान समझाया गया।

संघ लोगों की सेवा में लगा था। अधिकांश व्यक्ति स्वयं को परिवर्तित करने के लिए संघ से जुड़ रहे थे। संघ की कार्यशैली से समाज के भेदभाव, अन्याय, अभद्रता आदि का अंत दिखाई देने लगा था।

हेडगेवार कहते थे—"आत्मशुद्धि ही आध्यात्मिक साधना है।"

जब यह संगठन मज़बूत हो रहा था, तब कुछ लोग घबराकर प्रश्न कर रहे थे कि 'क्या आप लोग हिन्दुओं के लिए ही काम करने वाले लोग हैं? क्या आपके सेवा-कार्य केवल हिंदुओं तक सीमित हैं?' इसके प्रत्युत्तर में संघ कहता था—"संघ के कुछ अपने नियम हैं। जो भी पीड़ित व दुःखी व्यक्ति हैं, उनकी सेवा करना संघ परिवार का कर्तव्य है, चाहे वे किसी भी जाति या धर्म के हों।"

संघ के कार्यों को देखकर अरब के समाचार पत्रों ने लिखा—"आर.एस.एस. मुस्लिम विरोधी संस्था है—अभी तक हमारी जो यह धारणा बनी हुई थी, वह एकदम गलत थी।"

डॉ. हेडगेवार ने भारत की संस्कृति को बचाने के लिए ही आर.एस.एस. का गठन किया था। इस संगठन से भारत की संस्कृति को; लोगों को सचेत करने के लिए उनके विचार थे–

"स्वप्रेरणा से एवं स्वयंस्फूर्ति से राष्ट्रसेवा का बीड़ा उठाने वाले व्यक्तियों का केवल राष्ट्रकार्यार्थ निर्मित संघ ही राष्ट्रीय स्वयंसेवक संघ है। प्रत्येक राष्ट्र में, उस राष्ट्र के व्यक्ति अपने देश की सेवा करने के लिए ऐसे ही संघ का निर्माण करते हैं। यही हमारा प्रियतम हिंदू राष्ट्र अर्थात् हिन्दुस्तान हमारा कार्यक्षेत्र रहने के नाते उसी के हित रक्षणार्थ हमने इस देश में संघ स्थापित किया है तथा इसी संघ के आधार पर हमने राष्ट्र की सर्वांगीण उन्नति करने का निश्चय किया है।

जिस भूमि पर एक विशिष्ट जाति व विशिष्ट परंपरा के अनुगामी, एक विचारधारा वाले तथा समान इतिहास वाले व्यक्ति एकत्र रहते हैं, उसी भूमि को राष्ट्र कहते हैं तथा वह राष्ट्र भी उनके निवासियों के नाम से पहचाना जाता है। ऐसे स्वजातीय लोगों के हित संबंध एक जैसे होते हैं और उनमें एक प्रकार से एकत्व की भावना विद्यमान रहती है और यही भावना उनकी प्रगति का कारण बन जाती है। भिन्न-भिन्न देशों के, भिन्न-भिन्न संस्कृति के मानने वाले, भिन्न-भिन्न विचारधारा वाले, भिन्न-भिन्न इतिहास, परस्पर शत्रुता, परस्पर विरोधी हित संबंध रखने वाले, भक्ष्य और भक्षक के नाते रहने वाले तथा भिन्न-भिन्न हेतुओं से प्रेरित होकर एकत्र हुए लोग राष्ट्र की सृष्टि नहीं कर सकते और ऐसे लोगों के समूह को राष्ट्र नहीं कहा जा सकता है।"

जब संघ आरंभ हुआ, विचारधारा के नाम पर एक शब्द था—**'राष्ट्र'**। राष्ट्र और संगठन में सिर्फ एक ही श्रेणी थी—**'स्वयंसेवक'** और आदर्श के रूप में **भगवा झंडा**। जैसे-जैसे संगठन का विस्तार होता गया, संगठन की संरचना खड़ी होती गई। **'शाखा'** स्वयंसेवक का समष्टि रूप है।

डॉ. हेडगेवार ने संघ सदस्यता के कुछ नियम बनाए थे। प्रत्येक सदस्य को संघ की निर्धारित पोशाक पहननी पड़ती थी। सभी को लिखित रूप में सदस्यता दी जाती थी। स्वयंसेवक को पूर्ण प्रशिक्षण दिया जाता था। विशेष प्रकार के सक्रिय व्यक्तियों को अधिकारी प्रशिक्षण दिया जाता था।

वर्ष 1929 में एक नया अभियान प्रारंभ किया गया। जिस व्यक्ति ने विशेष योग्यता प्राप्त कर ली हो, उसे बाहर के क्षेत्रों में शाखा बनाने के लिए भेजा जाता था जिसे 'प्रचारक' कहते थे। ये प्रचारक अपनी मेहनत और लगन से नई शाखा बनाते थे।

जब संघ सक्रिय रूप से चल निकला, तब हेडगेवार ने संघ परिवार की सभा बुलाई। यह सभा 15 दिनों तक चली।

इस सभा में हर रोज नए नियम बनते। जो व्यक्ति औपचारिक होते, वे बाहर जाकर शाखा बनाते; जो अनौपाचारिक होते थे, वे अपने ही क्षेत्र में रहकर संघ का विस्तार करते थे। एक विशेष नियमावली यह बनाई गई थी कि संघ के सभी सदस्यों को साथ लेकर एक विशेष व्यक्ति को शाखा का मुखिया बना दिया जाता था, जो अपने दल का नेतृत्व करता था।

डॉ. हेडगेवार ने वर्ष 1933 में कुछ महत्त्वपूर्ण घोषणाएं कीं जिनसे संघ में पारदर्शिता और लोकतांत्रिक व्यवस्था लागू हुई। ये घोषणाएं थीं–

1. इस राष्ट्रीय स्वयंसेवक संघ का जन्मदाता अथवा संस्थापक मैं न होकर आप सब हैं—यह मैं भली-भांति जानता हूं।

2. मैं आपकी इच्छा से, आप द्वारा संचालित संघ की एक धाय के रूप में परवरिश कर रहा हूं।

3. मैं यह काम आपकी इच्छा एवं आज्ञा के अनुसार आगे भी करता रहूंगा तथा ऐसा करते समय किसी भी प्रकार के संकट अथवा मान-सम्मान की मैं कतई चिंता नहीं करूंगा।

4. आपको जब भी प्रतीत हो कि मेरी अयोग्यता के कारण संघ की क्षति हो रही है तो आप मेरे स्थान पर दूसरे योग्य व्यक्ति को प्रतिष्ठित करने के लिए स्वतंत्र हैं।
5. आपकी इच्छा एवं आज्ञा से जितनी सहर्षता के साथ मैंने इस पद पर कार्य किया है, इतने ही आनंद से आपके द्वारा चुने हुए नए सरसंघचालक के हाथ सभी अधिकार सूत्र समर्पित करके उसी क्षण से उसके विश्वस्त स्वयंसेवक के रूप में कार्य करता रहूंगा।
6. मेरे लिए अपने व्यक्तित्व के मायने नहीं हैं; संघ कार्य का ही वास्तविक अर्थ में महत्त्व है। अत: संघ के हित में कोई भी कार्य करने से मैं पीछे नहीं हटूंगा।
7. संघचालक की आज्ञा का पालन स्वयंसेवकों द्वारा बिना किसी अगर-मगर के होना अनुशासन एवं कार्य प्रगति के लिए आवश्यक है। 'नाक से भारी नथ'—इस स्थिति को संघ कभी उत्पन्न नहीं होने देगा। यही संघ कार्य का रहस्य है।
8. अत: प्रत्येक स्वयंसेवक स्वेच्छा से आज्ञा पालन करके दूसरे स्वयंसेवकों को ऐसा करने के लिए प्रेरित करे, यह स्वयंसेवक का कर्तव्य है।

हिन्दू जन-जागृति-

हिन्दू धर्म अंग्रेजों के उत्पीड़न में एक प्रकार से खो-सा गया था। हिन्दू धर्म ही विश्व के समस्त धर्मों का जगत् गुरु आंका जाता है। इसलिए हेडगेवार ने इस जगत् गुरु को जाग्रत करने का विचार कर संघ की स्थापना की थी। उन्नीसवीं शताब्दी में विभिन्न महान् व्यक्तियों ने कई हिन्दू संस्थाओं का गठन किया था, जिससे हिन्दू संस्थाओं का प्रचार-प्रसार सही प्रकार से हो सके। उन्नीसवीं शताब्दी के प्रारंभ में अंग्रेजों के अत्याचार चरम सीमा पार कर चुके थे। फिर भी अंग्रेजी शासन के चलते हिन्दू धर्म को डूबने नहीं दिया। हिन्दू धर्म आज भी उतना ही प्रेरणादायक है जितना सदियों पहले था। इसी कारण हिन्दू धर्म को जगत् गुरु का दर्जा प्राप्त है।

आधुनिक युग के प्रारंभ में स्वामी विवेकानंद, लाला लाजपतराय, बाल गंगाधर तिलक, महर्षि दयानंद सरस्वती, बिपिनचंद्र पाल, बंकिमचंद्र चट्टोपाध्याय,

रवीन्द्रनाथ टैगोर आदि लोगों ने इसी हिंदू संस्कृति को बचाकर रखा और देश के लिए उदाहरण बने। भारतवर्ष अध्यात्म की नींव बना।

हिन्दू धर्म से प्रभावित लाखों लोगों ने इस धर्म पर शोध किए। इस धर्म से राजनीति, धर्म, कर्म आदि की भी शिक्षा मिलती है। हेडगेवार ने हिन्दू धर्म के बारे में एक बार कहा था–

"हम हिन्दू हास्यास्पद रूप से अनभिज्ञ हैं। हमारे चारों तरफ क्या हो रहा है, इसका हमें कुछ पता नहीं है। दो समुदायों के हाल आज क्या है? मुसलमानों का भविष्य उज्ज्वल है और उनका इस बात में विश्वास भी है। परंतु हिन्दुओं को इसकी कुछ कल्पना नहीं है। वर्ष के अंत में वे अपनी बढ़ी हुई संख्या गिनते हैं तो हम अपनी जनसंख्या में आई कमी को स्वीकार कर लेते हैं। उनमें ताकत, धन और भ्रातृत्व के भाव सुदृढ़ हो रहे हैं और हम टुकड़ों में बंटते जा रहे हैं।

संघ का कार्य तथा उसकी विचारधारा हमारा कोई नया आविष्कार नहीं है। हमारा परम पवित्र सनातन हिंदू धर्म, हमारी पुरातन संस्कृति, हमारा स्वयंसिद्ध हिन्दू राष्ट्र तथा अनादि काल से चला आया परम पवित्र भगवा ध्वज—ये सभी बातें संघ ने पूर्ववत सबके सामने रखी हैं। उपर्युक्त बातों में नवचैतन्य का संचार करने के लिए परिस्थिति के अनुकूल जो नई कार्यप्रणाली संघ को आवश्यक प्रतीत होगी, उसे संघ अंगीकृत करेगा।

संख्यात्मक आधार पर हिन्दुओं को तौलना एवं हिन्दू राष्ट्र के पराभव की कल्पना सीमित बौद्धिकता का प्रतीक है। हिन्दू एक ऐतिहासिक राष्ट्रीय जाति है, जो राष्ट्रीय पहचान का प्रतिनिधित्व करती है। यह भाववाचक है और राष्ट्र की दुर्बलता का कारण हिन्दू समाज, धर्म एवं संस्कृति का पराभव है; संगठन की वृत्ति का अभाव है।

दुर्बल समाज का दौर्बल्य ही बाह्य आक्रमणों का मूलभूत कारण होता है। संसार में शांति भंग करने का भी पाप ऐसे दुर्बल समाज के माथे ही मढ़ा जाता है। अतएव आक्रमणकारियों को दोष देने में व्यर्थ समय न खोते हुए संसार में अशांति का कारण बने दौर्बल्य को हर प्रयत्न से दूर करना—यही दुर्बल समाज का परम कर्तव्य है।"

•••

10

संघ के महत्त्वपूर्ण कार्य

राष्ट्रीय स्वयंसेवक संघ की स्थापना डॉ. केशवराव बलिराम हेडगेवार ने की। राष्ट्रीय स्वयंसेवक संघ आज देश का ही नहीं अपितु विश्व का सबसे बड़ा सामाजिक-सांस्कृतिक संगठन है। परंतु फिर भी, जो लोग अभी उसके प्रत्यक्ष अथवा परोक्ष सम्पर्क में नहीं आए हैं उन्हें उसके बारे में वास्तविक जानकारी अधिक नहीं है। उलटे, अनेक लोगों के मनों में तो कुछ भ्रम भी संघ के बारे में फैले हुए हैं। इसके दो कारण हैं—

- संघ की कार्य-पद्धति बृहत/प्रचार और जनान्दोलन की न होकर व्यक्ति-व्यक्ति को, एक-एक करके, व्यक्तिगत संपर्क और मित्रता द्वारा होने वाली सहज-स्वाभाविक जानकारी के साथ संगठन से जोड़ने की रही है जिससे संगठन से जुड़ने या उसके सम्पर्क में आने वाले व्यक्ति ही उसे भली-भांति जान पाते थे।
- संघ के सदस्यों की निरंतर बढ़ती विशाल संख्या को देखकर उसकी शक्ति को अपने लिए संभावित संकट मानने वाले राजनीतिज्ञ जानबूझकर उसके बारे में अनेक असत्य बातें गढ़कर विरोध-अभियान चलाते रहे।

ऋषि-मुनियों को भी बड़ी तपस्या करते देखकर इंद्र को जैसे अपना इंद्रासन चले जाने का भय होता था, वैसी ही पृथ्वी के राजसत्ताधारियों की भी गति रही है। इस प्रकार स्वयंसेवक संघ द्वारा अपने बारे में चिल्ला-चिल्लाकर प्रचार न किए जाने और मिथ्या आशंका से ग्रस्त होकर विरोधी बने राजनीतिक लोगों द्वारा उसके विरुद्ध दुष्प्रचार अभियान चलते रहने से अपरिचय, अल्प परिचय अथवा भ्रम की ऐसी स्थिति बनी जिसमें जनसामान्य को वास्तविकता का पता तभी चल पाता था जब वे इस संगठन को निकट से देखते या इसके संपर्क में आते थे।

शाखा और स्वयंसेवक–

संघ–कार्य की इकाई उसकी शाखा अर्थात् दैनिक मिलन का कार्यक्रम है। संघ की गतिविधियों में निष्ठापूर्वक भाग लेने वाला प्रत्येक सदस्य स्वयंसेवक कहलाता है। स्वयंसेवक से यह अपेक्षा की जाती है कि वह अपनी सामान्य दिनचर्या में से प्रतिदिन कम–से–कम एक घंटा संघ–शाखा में जाने के लिए निकाले। शाखा नित्य नियम से एक नियत स्थान पर, जिसे संघ–स्थान कहते हैं, नियत समय पर लगाई जाती है। वहां कोई बहुत असामान्य गतिविधि नहीं होती। किसी मैदान अथवा अन्य सुविधाजनक स्थान पर प्रतिदिन प्रातःकाल या सायंकाल (परिस्थिति को देखते हुए कहीं रात्रि में भी) आसपास के स्वयंसेवक एकत्र होते हैं, भगवा ध्वज का आरोहण कर उसका वंदन और फिर कुछ व्यायाम या शारीरिक प्रशिक्षण, खेल, राष्ट्र अथवा समाज से संबंधित कोई चर्चा, प्रश्नोत्तर अथवा देशभक्ति–गीत का सस्वर गायन इत्यादि सहज भाव से किंतु अनुशासनपूर्वक संपन्न होते हैं और अंत में मातृभूमि तथा ईश्वर की वंदना करते हुए प्रार्थना करके शाखा का विसर्जन होता है। राष्ट्र–कार्य में सहभागी बनने के लिए यह न्यूनतम है जिसकी स्वयंसेवक से अपेक्षा की जाती है।

यहां खेल–खेल में और सहज चर्चाओं में ही संगठन, अनुशासन और देशभक्ति के पाठ तो स्वयंसेवक सहजता से सीख ही जाते हैं, साथ ही आदर्श नागरिक के जो संस्कार उनके मन पर पड़ते हैं उनसे उनका मनोबौद्धिक स्तर भी उन्नत, परिष्कृत और उदात्त बनता चला जाता है। स्वदेश के लिए मातृभूमि (माता) का भाव और साथी स्वयंसेवकों के प्रति बंधुभाव एवं प्रेम उनके हृदय में अकुंरित होता है। उनके तथा उनके परिवारों के सुख–दुःख में सहभागी होने, समूचे संगठन और पूरे राष्ट्रीय समाज को अपना बड़ा परिवार अनुभव करने तथा अपने राष्ट्र पर सब कुछ न्योछावर कर देने के लिए तत्पर रहने का जो स्वभाव उसमें इस विशिष्ट संगति के परिणामस्वरूप विकसित होता है, उससे वे मानो नए ही व्यक्ति बनकर उभरते हैं। उनके जीवन को एक उच्च ध्येय प्राप्त हो जाता है। यही संघ द्वारा व्यक्ति–निर्माण या चरित्र–निर्माण की प्रक्रिया है।

स्वयंसेवकों में स्वावलम्बी स्वभाव निर्मित करने और समानता का भाव जगाने के लिए उन्हें अपना काम स्वयं करने की आदत डाली

जाती है। शिविरों या शिक्षा-वर्गों में वे भोजन बनाने और परोसने जैसे कार्यों में बारी-बारी से हाथ बंटाते हैं तथा अपने जूठे बर्तन स्वयं मांजते हैं। इससे सामूहिक रूप से कार्य करने का अभ्यास तो पड़ता ही है, समय पड़ने पर स्वयंसेवक किसी भी काम से भागते नहीं हैं और न ही मिथ्या बड़प्पन दिखाते हैं।

धनवान हों या निर्धन, उच्चाधिकारी हों या जन-साधारण, स्वयंसेवकों का प्रेमपूर्वक एक ही पंक्ति में बैठकर भोजन करना संघ में नित्य-व्यवहार की सामान्य बात है। जाति या वर्ण के भेद की तो यहां किसी को कल्पना तक नहीं आती। यही देखकर महात्मा गांधी ने उद्‌गार व्यक्त किया था—"मैं जो करना चाहता था वह संघ ने चुपचाप कर दिखाया है।" डॉ. भीमराव अंबेडकर भी इसी कारण संघ की ओर आशा भरी दृष्टि से देखते थे।

समाज-सेवा के कार्यों में संघ-स्वयंसेवक सदैव अग्रणी रहे हैं, परंतु इससे यदि किन्हीं राजनीतिक दलों के नेताओं को कभी यह भ्रम हो गया कि ये उनके सभा-सम्मेलनों में दरी या मेज-कुर्सी बिछाने के लिए उनके 'वालंटियर' बन सकते हैं तो उन्हें निराशा ही हाथ लगी। डॉ. हेडगेवार ऐसी मांग करने वाले नेताओं को स्पष्ट शब्दों में 'नहीं' कह देते थे। इस प्रकार संघ-स्वयंसेवकत्व को उन्होंने आरंभ से ही राष्ट्रीय कार्य की गरिमा प्रदान की।

संघ-प्रवेश–

जैसे शाखा की कार्य-पद्धति सरल है, वैसे ही स्वयंसेवक बनना भी बहुत सरल है। संघ में प्रवेश के लिए सदस्यता की कोई जटिल प्रक्रिया नहीं है। यदि आप भारत को अपनी मातृभूमि, पितृभूमि और पुण्यभूमि मानते हैं तथा भारतीय संस्कृति में आस्था रखते हैं तो शाखा के समय निस्संकोच संघ-स्थान पर (जहां शाखा लगती है) चले जाइए और वहां के अनुशासन एवं निर्देशों का पालन करते हुए शाखा के कार्यक्रमों में भाग लीजिए। इसमें कोई बाधा नहीं है।

कार्यकर्ता–

प्रतिदिन एक घंटा राष्ट्र-कार्य के लिए देने की आवश्यकता न्यूनतम है, संपूर्ण नहीं। वांछनीय तो यह है कि धीरे-धीरे जीवन-पद्धति ही संगठनमयी

बनती चली जाए। समाज-संगठन कोई तदर्थ कार्य नहीं है कि कुछ दिन जैसे-तैसे चला लिया। यदि संसार में अजेय राष्ट्र बनकर जीना है तो हमें संगठित रहने का स्वभाव ही बना लेना पड़ेगा।

राष्ट्रीय स्वयंसेवक संघ अन्य बहुत से संगठनों की भांति समाज के अंदर एक संगठन नहीं है क्योंकि संघ का उद्देश्य संपूर्ण समाज को संगठित करना है, समाज के अंदर एक और संगठन बनाना नहीं। अब इतना बड़ा कार्य तभी पूरा हो सकता है जब उसे जीवन-कार्य के रूप में लिया जाए। संघ-कार्य इतना आगे बढ़ सका है तो इसलिए कि उसमें पूरी शक्ति से अधिकतम और अन्य दायित्वों का भी निर्वाह करते हुए यथासम्भव अधिक कार्य करने वाले कार्यकर्ताओं की कमी नहीं रही है। यह परम्परा संघ-संस्थापक डॉ. हेडगेवार ने ही स्थापित कर दी थी जिन्होंने अपने शरीर का कण-कण और जीवन का क्षण-क्षण संघ-कार्य में ही होम कर दिया। यही कारण है कि उनके पारस-स्पर्श से उन्हीं की अनुकृति-समान बने कार्यकर्ताओं के अथक परिश्रम से उनका स्वप्न साकार होने की ओर निरंतर आगे बढ़ता रहा है और आज उसका प्रभाव राष्ट्र-जीवन के प्रत्येक क्षेत्र में दृष्टिगोचर हो रहा है।

प्रशिक्षण–

शाखा में व्यायाम, खेल, योगासन, लाठीचालन, पथ-संचालन इत्यादि विविध प्रकार के शारीरिक प्रशिक्षण और चर्चा, प्रश्नोत्तर इत्यादि के माध्यम से बौद्धिक प्रशिक्षण तो स्वयंसेवकों को प्राप्त होता ही है, कुछ अधिक दक्षता के लिए तीन दिन से लेकर अधिकतम एक सप्ताह तक के प्राथमिक शिक्षा वर्ग भी लगाए जाते हैं। किंतु सघन प्रशिक्षण द्वारा विशेष प्रशिक्षित कार्यकर्ता तैयार करने के लिए प्रतिवर्ष ग्रीष्म ऋतु में लगभग एक मास की अवधि (अब घटाकर 20 दिन) के संघ-शिक्षा-वर्ग आयोजित किए जाते हैं जिनमें शिक्षार्थियों को उस पूरी अवधि में वहीं रहना होता है।

प्रशिक्षणोपरांत शारीरिक और बौद्धिक—दोनों प्रकार की परीक्षाएं भी ली जाती हैं। उत्तरोत्तर प्रथम, द्वितीय और तृतीय वर्ष का प्रशिक्षण सरलतापूर्वक पूरा कर लेने पर कार्यकर्ता पूर्ण प्रशिक्षित माना जाता है। तृतीय वर्ष शिक्षित कार्यकर्ता शिक्षा-वर्गों में शिक्षक का कार्य भी करते हैं।

संगठन-तंत्र-

राष्ट्रीय स्वयंसेवक संघ का संगठन-तंत्र त्रिवेणी में गुंथा हुआ है जिसमें एक धारा शाखा-कार्यवाह और मुख्य शिक्षक से प्रारंभ करके उत्तरोत्तर कार्यवाहों की है, दूसरी प्रचारकों की तथा तीसरी संघचालकों की, लेकिन शीर्ष पर सभी का त्रिवेणी-संगम हो जाता है।

भगवा ध्वज और गुरु दक्षिणा-

यज्ञ-वेदी की अग्नि-ज्वाला के रंग का भगवा ध्वज अर्पण (आहुति देने) अर्थात् त्याग का प्रतीक है। इसी कारण यह युग-युग से भारतीय संस्कृति के उच्च आदर्शों का प्रतीक रहा है। भगवा ध्वज की इस महत्ता को देखते हुए संघ में उसे गुरु का स्थान दिया गया है और प्रतिवर्ष व्यास-पूर्णिमा के दिन उसकी पूजा की जाती है। उस दिन स्वयंसेवक श्रद्धापूर्वक अपनी भेंट ध्वज के आगे अर्पित करते हैं। इसे गुरु-दक्षिणा कहा जाता है।

राष्ट्र-जीवन में संघ की भूमिका-

राष्ट्रीय स्वयंसेवक संघ की दैनिक गतिविधियों से समाज में संगठन, एकता, प्रेम, बंधुभाव, देशभक्ति, अनुशासन और समरसता का संचार तो हुआ ही है, इसके साथ-साथ बालों, किशोरों और तरुणों के व्यक्तिगत जीवन में उन्नत चरित्र के संस्कारों का बीजारोपण एवं अंकुरण-पल्लवन भी हुआ है। किंतु यह सब तो संघ-कार्य का समाज पर पड़ने वाला सहज प्रभाव या नित्य परिणाम है। इसके अतिरिक्त भी संघ की स्थापना के एक-दो वर्ष बाद से ही उसके स्वयंसेवकों ने समाज-जीवन में ऊर्ध्वगामी परिवर्तन की कुछ नैमित्तिक अर्थात् अवसर विशेष पर प्रकट होने वाली भूमिकाएं भी निभानी प्रारम्भ कर दीं जिनमें से कुछ का उल्लेख दृष्टान्तस्वरूप यहां करना समीचीन होगा।

स्वतंत्रता आंदोलन में योगदान-

संगठन के रूप में तो संघ कोई भी आंदोलन करता नहीं था (आगे चलकर केवल प्रतिबंध के समय ही इसका अपवाद हुआ), किंतु व्यक्तिगत रूप से डॉ. केशव हेडगेवार सहित बहुत से संघ-स्वयंसेवकों

ने गांधी जी द्वारा चलाए गए स्वातंत्र्य आंदोलनों में सदैव सहयोग किया। संघ-स्थापना के पश्चात् 1931-32 के **सविनय अवज्ञा आंदोलन** में डॉक्टर हेडगेवार सहित अनेक स्वयंसेवक सत्याग्रह करके कारावास में भी रहे। 1942 के **'भारत छोड़ो'** आंदोलन में भी न केवल स्वयंसेवक सम्मिलित हुए अपितु, विभिन्न विचारधाराओं के लोग जैसे जयप्रकाश नारायण, अरुणा आसफ अली इत्यादि जैसे अनेक बड़े-बड़े भूमिगत नेताओं के गुप्तवास की व्यवस्था भी संघ के अधिकारियों ने की।

देश-विभाजन के समय राष्ट्र-बान्धवों की रक्षा-

1947 में भारत माता का अंग-भंग करके पाकिस्तान बनाने की दुष्प्रक्रिया और मुस्लिम लीग द्वारा नियोजित नर-संहार के समय पाकिस्तान में पड़ने वाले पंजाब, सिंध आदि प्रान्तों में जहां संघ का कार्य प्रभावशाली था, स्वयंसेवकों ने अपने प्राणों की बाजी लगाकर, वहां फंसे बंधुओं को स्त्रियों और बच्चों सहित उस भयानक मार-काट और दुराचार के बीच से यथासम्भव सुरक्षित निकाल लाने और भारत पहुंचाने का कार्य दिन-रात किया। उस प्रचण्ड प्रयास में अनेक स्वयंसेवकों को वीरगति प्राप्त हुई, लेकिन वे अपने कर्तव्य से पीछे नहीं हटे। पूर्वी बंगाल में संघ का प्रभावी संगठन न होने के कारण ही वहां आततायियों को पूरे उन्मादपूर्वक खुलकर खेलने का अवसर मिल गया। विभाजन के पश्चात् भारत आए विस्थापितों की सेवा-सहायता भी स्वयंसेवकों ने सामर्थ्य भर और मनोयोग से की।

कश्मीर की रक्षा में योगदान-

1947 में देश की स्वतंत्रता और निन्दनीय विभाजन के समय पाकिस्तानी दबाव के कारण असमंजस में पड़े कश्मीर-नरेश को द्विविधा त्यागकर भारत में विलय के लिए प्रेरित करने का संघ-कार्यकर्ताओं ने पूरा प्रयास किया और पाकिस्तान-समर्थकों द्वारा जम्मू-कश्मीर के कुछ भागों में लगाए गए पाकिस्तानी झंडे उतारे तथा भारतीय तिरंगे फहराकर लोगों का मनोबल बनाए रखा। आक्रमण की पाकिस्तानी योजना की गुप्त सूचना भी प्राप्त करके जम्मू-कश्मीर के सेना-प्रमुख को दी। कबाइली वेश में पाकिस्तानी आक्रमण के आसन्न संकट के समय तत्कालीन

सरसंघ चालक श्री माधवराव सदाशिव राव गोलवलकर गुरुजी ने ही 17 अक्टूबर को श्रीनगर पहुंचकर महाराजा हरिसिंह को भारत के साथ विलय-पत्र पर हस्ताक्षर करने के लिए मानसिक रूप से तैयार किया। 19 अक्टूबर को नई दिल्ली लौटकर उन्होंने सरदार पटेल को महाराजा की स्वीकृति की सूचना दी।

27 अक्टूबर को भारत में विलय की प्रक्रिया पूरी हो जाने के पश्चात् भारतीय सेनाओं को बड़े वायुयानों से श्रीनगर वायुपत्तन पर उतारने के लिए हिमपात से ढकी और ऊबड़-खाबड़ पड़ी उड़ान-पट्टी को तुरंत सुधारना आवश्यक था। तब संघ के 200 स्वयंसेवकों ने दिन-रात पारियों में काम करके दो दिन में वह कठिन कार्य पूरा कर दिखाया और 29 अक्टूबर को सेना का प्रथम जत्था वहां उतरकर कश्मीर को मुक्त कराने में जुट गया। उस समय पाकिस्तानी सेना उस वायुपत्तन से कुछ ही दूर रह गई थी।

यही नहीं, प्रत्यक्ष युद्ध के बीच भी स्वयंसेवक सेना की सहायता में जुटे रहे। उदाहरणार्थ कोटली में वायुसेना द्वारा गिराई गई गोला-बारूद की 20 पेटियां एक ढलान से नीचे ऐसे स्थान पर जा गिरीं जो शत्रु सैनिकों की मार के अंतर्गत था। वहां जाना मृत्यु को निमंत्रण देना था और इधर हमारी सैनिक टुकड़ी का गोला-बारूद समाप्त हो गया था। ऐसे में स्वयंसेवक प्राण हथेली पर रखकर उनमें से 17 पेटियां उठा लाने में सफल हो गए, यद्यपि उस कार्य में 6 स्वयंसेवकों के बहुमूल्य प्राणों की आहुति देनी पड़ी। यह तो केवल एक उदाहरण है, संघ-स्वयंसेवकों के शौर्य की ऐसी कितनी ही घटनाएं हैं।

एक सेनाधिकारी ने श्री गुरुजी (गोलवलकर जी) से पूछा कि आप नियमित सैनिकों के लिए भी दुर्लभ ऐसा जीवट स्वयंसेवकों में कैसे उत्पन्न कर देते हैं? तो श्री गुरुजी का उत्तर था कि हम तो उनको केवल कबड्डी खेलने के लिए कहते हैं और खेल-खेल में ही शाखा के संस्कारप्रद वातावरण में देशभक्ति, अनुशासन, संगठन, त्याग और सच्चरित्रता के संस्कार उनमें अपने आप ही आ जाते हैं।

दादरा, नगर हवेली की मुक्ति और गोवा सत्याग्रह—

शेष भारत के स्वतंत्र हो जाने पर भी गोवा, दमन, दीव और दादरा-नगर हवेली पर पुर्तगाली आधिपत्य बना रह गया था। 2 अगस्त 1954 के दिन

केवल 100 संघ-स्वयंसेवकों ने अकस्मात् कार्यवाही करके दादरा और नगर-हवेली की बस्तियों को मुक्त करा लिया तथा केंद्र-सरकार को सौंप दिया। गोवा के स्वातन्त्र्य-संघर्ष में भी संघ और जनसंघ के कार्यकर्ताओं ने बढ़-चढ़कर भाग लिया जिनमें से कुछ ने प्राण न्योछावर किए तो कुछ ने विदेशी पुलिस की यातनाएं सहीं या लिस्बन (पुर्तगाल) के कारागार में दीर्घ कारावास भोगा।

चीन के साथ युद्ध के समय–

1962 के चीनी आक्रमण के समय राष्ट्रीय स्वयंसेवक संघ ने देश की सरकार के साथ पूर्ण एकजुटता दिखाकर उसके बाह्य एवं आंतरिक सुरक्षा-प्रयासों को पूरा सहयोग एवं समर्थन प्रदान किया। वैचारिक कारणों से चीन की सरकार से सहानुभूति रखने वाले किसी प्रकार की तोड़-फोड़ या गड़बड़ न कर दें, इसकी सतर्कता विशेषत: श्रमिक-क्षेत्र से जुड़े स्वयंसेवकों ने रखी। स्वयंसेवकों ने जनता का मनोबल ऊंचा उठाते हुए सेना के लिए जन-समर्थन जुटाया। संकटकाल में संघ का यह व्यवहार देखकर पं. जवाहरलाल नेहरू जैसे परम्परागत संघ-विरोधी का भी हृदय इतना परिवर्तित हो उठा कि उन्होंने 26 जनवरी, 1963 की गणतंत्र-दिवस परेड में भाग लेने के लिए संघ को भी आदरपूर्वक आमंत्रित किया जिसमें सहस्राधिक स्वयंसेवकों ने पूर्ण गणवेश में पथ-संचालन किया।

पाकिस्तान के साथ युद्धों में भूमिका–

1964 के युद्ध के समय प्रधानमंत्री लाल बहादुर शास्त्री ने श्री गुरुजी को सर्वदलीय बैठक में विचार-विमर्श के लिए आमंत्रित किया और बाद में दिल्ली पुलिस को अन्य कार्यों के लिए मुक्त करने के उद्देश्य से युद्ध के दिनों में राजधानी की यातायात-व्यवस्था संघ के स्वयंसेवकों को सौंप दी। अग्रिम रणक्षेत्र (मोर्चों) में आग उगलते गोलों की परवाह न करते हुए स्वयंसेवकों ने युद्धरत सैनिकों तक भोजन और अन्य सामग्री पहुंचाने का कार्य किया।

आधी रात के समय दिल्ली संघ-कार्यालय को आहत सैनिकों के लिए रक्त की कमी की सूचना सैनिक अधिकारियों ने दूरभाष से

दी तो प्रात:काल तक 500 स्वयंसेवक रक्तदान करने सैनिक अस्पताल पहुंच गए।

इसी प्रकार 1971 के युद्ध के समय भी राष्ट्रीय स्वयंसेवक संघ ने प्रत्येक क्षेत्र में और विशेषत: राजस्थान, पंजाब, जम्मू-कश्मीर, उत्तर प्रदेश, बिहार तथा बंगाल में अपनी सेवाएं अर्पित कीं तथा अनेक प्रकार की भूमिकाएं निभाईं।

आपातकाल में लोकतंत्र-रक्षा का संघर्ष–

1975 में जब श्रीमती इंदिरा गांधी ने न्यायालय द्वारा अयोग्य घोषित कर दिए जाने पर पदत्याग करने के स्थान पर देश में आपात स्थिति लागू कर दी, सहस्रों लोगों को अकारण कारागार में डाल दिया तथा लोकतंत्र का गला घोंट दिया तो आंदोलनों में भाग न लेने का नियम अपवादस्वरूप छोड़कर संघ—लोकतंत्र-रक्षा के आंदोलन में कूद पड़ा। एक ओर जहां लक्ष्य से अधिक स्वयंसेवकों ने सत्याग्रह किया, यातनाएं सहीं और सहस्रों की संख्या में (44,000 से अधिक) कारागार गए, वहीं लगभग 40,000 ने भूमिगत रहकर आंदोलन चलाया और अधिनायकवाद को घुटने टेकने पर विवश कर दिया। श्रीमती गांधी को बाध्य होकर चुनाव की घोषणा करनी पड़ी जिससे अंतत: सारा परिदृश्य ही बदल गया।

प्राकृतिक आपदाओं में संघ की भूमिका–

मानव-निर्मित विपत्तियों के अतिरिक्त प्राकृतिक आपदाओं या दुर्घटनाओं के समय भी संघ के स्वयंसेवक आपद्ग्रस्त बंधुओं की सहायता करने में सबसे आगे रहते हैं। इनमें बिहार और कर्नाटक का सूखा, आन्ध्र और तमिलनाडु का समुद्री चक्रवात (तूफान), गुजरात में मच्चू बांध (मोर्वी) टूटने से आयी बाढ़ तथा महाराष्ट्र में लातूर और उत्तरांचल में उत्तरकाशी के भूकम्पों की त्रासदियां प्रमुख हैं।

1966 में बिहार में पड़े भयंकर अकाल के कारण वहां मानव-जीवन और पशुधन के जीवन पर आए भीषण संकट के समय स्वयंसेवक विपद्ग्रस्तों की सेवा-सहायता में दत्तचित्त होकर जुटे। उन्हें नि:स्वार्थभाव और सच्ची लगन से सेवा-कार्य में लगे देखकर तभी से श्री जयप्रकाश नारायण के मन में संघ के प्रति विशेष सद्भाव जागा। उससे पूर्व वे भी संघ

के बारे में फैलाए गए भ्रम के शिकार थे। बाद में तो विशेषत: आपातकाल और उसके पूर्व एवं पश्चात् संघ-परिवार की संस्थाओं—विद्यार्थी परिषद् और जनसंघ के कार्यकर्ताओं का भी लोकनायक के साथ घनिष्ठ सहकार रहा। 1973 और 1985 में कर्नाटक में पड़े सूखे और अकाल के समय भी स्वयंसेवकों ने विपदा में पड़े बंधुओं की सेवा-सहायता की।

नवम्बर 1977 में आंध्र प्रदेश के तटवर्ती क्षेत्रों में भीषण समुद्री चक्रवात से दूर-दूर तक महाविनाश का दृश्य उपस्थित हो गया। उन स्थानों में संघ के स्वयंसेवक ही सर्वप्रथम पहुंचकर सेवा-सहायता और मृतकों के अंतिम संस्कार में जुटे। बाद में पुनर्निर्माण के कार्य में भी वे सबसे अग्रणी रहे। संघ की उस भूमिका की विरोधियों को भी सराहना करनी पड़ी। उसी समय तमिलनाडु में भी उस चक्रवात से विनाश हुआ था। स्वयंसेवकों ने वहां भी लगन से सेवा-कार्य किया।

1977 और 1979 में राजस्थान में, 1978 में दिल्ली में और 1987 में बंगाल में आई भीषण बाढ़ में भी संघ-स्वयंसेवकों ने समाज के प्रति अपनी कर्तव्यपरायणता का उसी प्रकार परिचय दिया।

1979 में गुजरात में मोर्वी के पास बांध टूट जाने से उत्पन्न हुई भीषण त्रासदी के बीच भी जो दुष्कर कार्य और कोई न कर सके, वे संघ-स्वयंसेवकों ने सम्पन्न करके नर-सेवा नारायण-सेवा के अपने व्रत के अनुरूप आचरण किया।

भोपाल (म.प्र.) के गैस-पीड़ितों तथा लातूर (महाराष्ट्र) और उत्तरकाशी (उत्तरांचल) के भूकम्प-पीड़ितों की सेवा-सहायता में भी स्वयंसेवक सदा की भांति अग्रणी रहे।

26 जनवरी 2001 में अब तक की सबसे बड़ी भूकंप त्रासदी गुजरात के कच्छ व भुज आदि स्थानों पर आई, इस भयंकर तबाही में राष्ट्रीय स्वयं सेवकों ने न केवल जाकर शारीरिक सहयोग किया बल्कि पूरे भारत से अपार धन राशि चंदा लेकर दी गई तथा ट्रकों से भर-भर कर तमाम उपयोगी वस्तुएं भेजी गईं।

26 दिसंबर 2004 को दिल दहला देने वाली सुनामी तुफान जिसने करीब चार देशों तक तबाही मचाई, ऐसी तूफान हिन्द महासागर में ही नहीं बल्कि अब तक कहीं नहीं आई थी, जिसमें लाखों बेघर हो गए, लाखें जाने गईं। ऐसी प्राकृतिक विपदा पर औचक राष्ट्रीय स्वयं सेवकों ने पहुंचकर बहुत लोगों का उपकार किया। कई दिनों तक रहकर अधि

कांश लोगों की जानें बचाईं साथ में रहने-खाने-पीने का भरपूर इंतजाम किया गया। लाखों रुपये चंदा लगाकर स्वयं सेवकों ने आवश्यक वस्तुएं भेजीं तथा अपार सहयोग देकर जो चमत्कारिक कार्य किया, इसको देखकर अपने राष्ट्र को गर्व होता है कि ऐसे स्वयं सेवकों के अंदर राष्ट्रीय सहयोग भावना को बढ़ाने का काम डॉ. हेडगेवार ने किया था था जो आज निरंतर पुष्पित-पल्लवित हो रहा है।

इनके अतिरिक्त भी यदि कहीं वायुयान अथवा रेलगाड़ी की दुर्घटना हो जाती है अथवा अन्य किसी भी प्रकार की आपदा आ पड़ती है तो निकटवर्ती स्थानों के स्वयंसेवक अपने अधिकारियों के आदेशों की प्रतीक्षा में बैठे न रहकर, संघ से प्राप्त संस्कारों के कारण सहज प्रेरणा से ही तुरंत सहायता करने चल पड़ते हैं और टोली बनाकर सेवा-कार्य में जुट जाते हैं।

जन अभियान-

आंदोलनकारी कार्य-पद्धति न होते हुए भी संघ ने कुछ ऐसे अभियान अवश्य चलाए या उनमें सहभागिता की जिनका संबंध किसी तात्कालिक घटना से न होकर ऐसी बड़ी राष्ट्रीय या सामाजिक समस्या से था जिसका समाधान आवश्यक हो। यहां ऐसे कुछ अभियानों को भी स्मरण कर लेना उचित होगा।

गोहत्या निषेध-

1952 में राष्ट्रीय स्वयंसेवक संघ के आह्वान पर गोपाष्टमी के दिन से देश में गोहत्या पर प्रतिबंध लगाने की मांग करते हुए जन-सभाएं आयोजित की गईं और इस मांग के समर्थन में देश के गांव-गांव, नगर-नगर से हस्ताक्षर एकत्रित किए गए। केवल एक मास की अवधि में ही पौने दो करोड़ हस्ताक्षर लेकर 8 दिसम्बर के दिन सरसंघचालक श्री गुरुजी के हाथों राष्ट्रपति डॉ. राजेन्द्र प्रसाद को समर्पित किए गए।

सामाजिक समरसता की स्थापना-

संघ के स्वयंसेवक तो किसी भी प्रकार का जातिगत ऊंच-नीच या छुआछूत का भेदभाव मानते नहीं हैं और परस्पर प्रेमपूर्ण बंधुभाव रखते हैं, किंतु सारे समाज में ऐसी समरसता अभी स्थापित नहीं हो पाई है। अतः राष्ट्रीय स्तर पर समरसता का एक अभियान चलाया गया।

एकता के लिए रथ यात्रा–

कश्मीर से लेकर कन्याकुमारी तक और कच्छ से कामरूप तक सम्पूर्ण देश की जनता में एकात्मता का भाव जाग्रत करने के लिए भारत माता के भव्य बड़े चित्र और गंगाजल के विशाल कलश लेकर 1983 में तीन बड़ी एकात्मता-रथ-यात्राएं और अनेक उपयात्राएं आयोजित की गईं।

देश भर में करोड़ों लोगों ने इस यात्रा के अपने नगर या गांव में पहुंचने पर भारत माता और गंगा माता की पूजा की तथा गंगा जल का प्रसाद पाया। लोगों का लाया हुआ देश भर की नदियों का पवित्र जल दूसरे कलश (जलकुम्भ) में एकत्रित किया गया।

राष्ट्रीय मान बिन्दुओं की रक्षा और पुनरुद्धार हेतु–

धर्मध्वंसी आक्रमणकारियों ने हमारे राष्ट्रीय मान-बिन्दुओं का अपमान करके हमारे मनोबल और आस्था को कुचलने के लिए हमारे अनेकानेक आस्था-केंद्रों को ध्वस्त कर उन पर मस्जिद जैसे ढांचे या कब्रिस्तान बना दिए। संघ इन आस्था-केंद्रों और इनमें से भी विशेष रूप से अयोध्या में श्रीराम-जन्मस्थान, मथुरा में श्रीकृष्ण-जन्मस्थान और काशी में काशी-विश्वनाथ के स्थान की वापसी और उन्हें उनके महत्त्व के अनुरूप गरिमा प्रदान करने का प्रबल समर्थक रहा है। इस हेतु किए जाने वाले जन-जागरण अभियानों और न्यायपूर्ण प्रयासों में स्वयंसेवकों की सक्रिय सहभागिता रही है।

जनजीवन पर संघ का प्रभाव–

संघ-कार्य का जैसे-जैसे विस्तार हुआ है, समाज में देशभक्ति, एकता की भावना, आत्मविश्वास और राष्ट्रीय गौरवबोध जैसे गुणों की वृद्धि हुई है, यद्यपि अभी वे पर्याप्त मात्रा में आ गए नहीं कहे जा सकते, उनके लिए अभी और अधिक परिश्रम करना होगा। फिर भी ये तो ऐसे गुण हैं जिनसे संघ-कार्य का सीधा संबंध है, किंतु रोचक बात यह है कि संघ के परोक्ष प्रभाव से समाज में नैतिक परिवर्तन आता भी स्पष्ट देखा जा सकता है।

राष्ट्र-जीवन के विविध क्षेत्रों में स्वयंसेवकों ने जो कार्य प्रारम्भ किए हैं उन्होंने तो उन-उन क्षेत्रों में न्यूनाधिक विचार-क्रांति ही ला दी है।

अब लौटते हैं, डॉ. हेडगेवार की जीवनयात्रा की ओर।

•••

11

स्वतंत्रता के लिए संघर्ष

उन दिनों स्वतंत्रता की लड़ाई अपने पूरे उफान पर थी। इस लड़ाई में सभी अलग-अलग दल भी आपसी मतभेदों को भुलाकर कंधे-से-कंधा मिलाए थे। भारत का प्रत्येक सामाजिक एवं राजनीतिक व्यक्ति परतंत्र भारत को स्वतंत्र कराने में जुटा हुआ था। स्वतंत्रता की इस लड़ाई में जितने भी संगठन, संस्थाएं थीं, एक साथ मिलकर कार्य कर रही थीं। कम्युनिस्ट पार्टी भी सहयोग कर रही थी। इस बारे में हेडगेवार के विचार थे—"आज सैद्धांतिक अहम की कोई आवश्यकता नहीं। आवश्यकता है तो स्वतंत्रता की। संघ का हर सदस्य स्वतंत्रता की लड़ाई में अपना सबकुछ न्योछावर करने के लिए तैयार रहे।"

संघ का अंतिम लक्ष्य स्वराज्य प्राप्त करना था। डॉ. हेडगेवार ने अपने साथियों को सचेत करते हुए कहा था—"ब्रिटेन की सरकार ने अनेक बार भारत को स्वतंत्र करने का आश्वासन दिया, परंतु आज तक इनके वायदे झूठे साबित हुए।"

संघ को आगे बढ़ाते हुए डॉ. हेडगेवार कांग्रेस पार्टी की भी सेवा कर रहे थे।

साइमन कमीशन–

1928 में साइमन कमीशन के विरोध में जगह-जगह हड़तालें होने लगीं। इसी कार्य को गति देने के लिए हेडगेवार ने बनारस में एक सभा की बैठक बुलाई। इस सभा में निर्णय लिया गया कि साइमन कमीशन के विरोध में अखिल भारतीय हड़ताल शुरू की जाए।

1929 में साइमन कमीशन भारत के मध्य प्रांत में आया। उसके

आने पर अलग-अलग राजनीतिक दृष्टिकोणों के बावजूद हिन्दू नेताओं ने कमीशन के साथ सहयोग करने से इंकार कर दिया, जबकि मुसलमानों ने इसका स्वागत किया। साइमन कमीशन के विरोध में सम्पूर्ण भारत में हड़तालें एवं आंदोलन किए गए। हेडगेवार ने विरोध के संबंध में संघ के विश्वासपात्र सदस्यों को कार्य सौंपा।

अब तक संघ तथा कांग्रेस के बीच दूरियां बढ़ने लगी थीं। कुछ कांग्रेसी नेताओं ने संघ के लोगों पर कीचड़ उछालना प्रारंभ कर दिया था। इसकी सूचना जब हेडगेवार को मिली तो उन्होंने कहा—"मुझे इसकी पूर्व कल्पना थी। इस परिस्थिति में से भी हमें गुजरना होगा। परमेश्वर के चरणों में हम प्रार्थना करें कि वह उनको सद्बुद्धि दे। अपनी सद्विवेक पूर्ण बुद्धि से और परमात्मा का ध्यान करके अपना कार्य करने पर भी यदि किसी व्यक्ति के मन में हमारे प्रति विवाद उत्पन्न होता है या किसी को लगता है कि संघ का विरोध किया जाना चाहिए तो हम क्या कर सकते हैं? यह राजनीति है, इससे हम कब तक डरते रहेंगे।"

दिसंबर 1929 में कांग्रेस ने लाहौर अधिवेशन में एक ऐतिहासिक घोषणा की और 26 जनवरी, 1930 को देशभर में स्वतंत्रता दिवस मनाने का आह्वान किया।

इस निर्णय पर डॉ. हेडगेवार ने प्रसन्नता व्यक्त की और कांग्रेस के निर्णय को अपना निर्णय मानकर उसके साथ मिलकर स्वतंत्रता दिवस मनाया।

इसी क्रम में 6 अप्रैल, 1930 को गांधी जी ने डांडी में नमक कानून तोड़कर सविनय अवज्ञा आंदोलन की शुरुआत की। तत्पश्चात् पूरे भारत में सत्याग्रह द्वारा कानूनी धाराएं तोड़ी गईं। लेकिन इस प्रकार की डांडी यात्रा से अंग्रेजों को कोई फर्क नहीं पड़ने वाला था। उन्होंने इस प्रकार के कार्यक्रमों को बेकार समझकर टाल दिया। इस सत्याग्रह को आगे ले जाने के लिए **'जंगल सत्याग्रह'** प्रारंभ कर दिया गया। इस विषय पर डॉ. मुंजे ने अपनी डायरी में लिखा था–

"ग्रीष्मावकाश के दौरान प्रशिक्षण के लिए गांव से आए स्वयंसेवकों को मैंने शाम को संबोधित किया था। मैंने उन्हें समझाया कि संघ का आदर्श भारत को हिन्दू भारत एवं स्वराज्य को हिन्दू राज्य उसी तरह

बनाने का है, जैसे अफगानिस्तान में मुस्लिम राज है। मैंने एक घंटे तक भाषण दिया। मैं उन लोगों के चेहरों को देखकर समझ गया कि वे मेरे भाषण की प्रशंसा नहीं कर रहे हैं। संभवत: स्वराज प्राप्त करने के लिए सविनय अवज्ञा आंदोलन उनके दिलो-दिमाग पर कुछ प्रभाव जमा चुका था या मेरा भाषण ही अच्छा नहीं था।"

डॉ. हेडगेवार ने अपने साथियों से कहा था—"हमें सत्याग्रह का साथ देना है।" सत्याग्रह को सफल बनाने के लिए डॉ. हेडगेवार ने नागपुर के शहर-शहर में बैठकें आयोजित कीं। इस सत्याग्रह में डॉ. हेडगेवार की अपनी कोई शर्त नहीं थी। समस्त निर्णय कांग्रेस के होते थे। संघ की शाखाएं सत्याग्रह से जुड़ी थीं।

कुछ ही दिनों में संघ की पांच शाखाएं बन चुकी थीं। उन शाखाओं में लगभग तीन हज़ार व्यक्ति शामिल थे। ये सभी शाखाएं सत्याग्रह से जुड़ी थीं जिसमें नागपुर के बाद वर्धा की बड़ी शाखा विकसित हो चुकी थी। हेडगेवार के ऊपर कांग्रेस का न कोई लिखित पत्र था और न ही आंदोलन से जुड़ने के लिए कोई विशेष आग्रह। फिर भी आज़ादी की लड़ाई में हेडगेवार ने उनका पूरा साथ दिया था। सत्याग्रह के संबंध में उन्होंने लिखा था–

"इस भ्रम में नहीं रहना चाहिए कि वर्तमान आंदोलन—स्वतंत्रता प्राप्ति की अंतिम लड़ाई है। इस आंदोलन के बाद निर्णायक लड़ाई होगी और हमें सर्वस्व त्यागकर उसमें कूदने के लिए तैयार रहना चाहिए।"

डॉ. हेडगेवार ने विचार किया कि 'हम कुछ ही दिनों में स्वराज्य प्राप्त नहीं कर सकते, न ही अपने साथियों से झूठे वायदे कर सकते हैं। जब कुछ समय व्यतीत हो जाएगा तो हमारे साथियों को निराशा हाथ लगेगी।' इस बात को समझाने के लिए वे पुनः बैठकें करने लगे।

इस सत्याग्रह में संघ के लोगों की बहुत अहम् भूमिका रही थी। संघ के सदस्यों ने मत दिया कि 'यदि स्वराज प्राप्त होता है तो संघ का एक विशेष नाम आना चाहिए। इसलिए समस्त आंदोलनकारी पूर्ण गणवेश में हों; भगवे ध्वज उनके साथ हों और अपना बैनर रहे, जिससे संघ का नाम पूरे भारत में प्रसिद्ध हो।'

लेकिन हेडगेवार ने कहा—"यह तो व्यर्थ में विवाद को जन्म देना है। बिना किसी सैद्धांतिक बहस के आंदोलन में पूरी तरह से समरस होने की कोशिश करनी चाहिए।"

जुलाई 1930 चल रहा था। संघ में गुरु दक्षिणा का कार्यक्रम था। संघ के सभी लोग उपस्थित थे। इस कार्यक्रम में डॉ. परांजपे ने सभा में कहा–

"डॉ. हेडगेवार **'जंगल सत्याग्रह'** में भाग ले रहे हैं; जिन्हें भी आंदोलन में भाग लेना है, वे सहर्ष लें। परंतु शेष को इस नवजात संगठन के कार्य में हाथ बंटाना चाहिए। इसमें तनिक भी संदेह नहीं है कि वर्तमान आंदोलन राष्ट्र को स्वतंत्रता की दिशा में आगे बढ़ाने वाला है। इसके साथ ही साथ आगे की लड़ाई में सर्वस्व न्योछावर करने वाले मनुष्यों को संगठित करते रहने का वास्तविक कार्य भी जारी रखना है।"

इस प्रकार, डॉ. हेडगेवार सत्याग्रह को निरंतर गति देते रहे। उन्होंने संघ के लोगों पर कोई विशेष दबाव नहीं दिया कि 'आंदोलन में हमारा साथ दें।' आंदोलन में वे स्वयं कूदे थे। वे अपनी मर्जी किसी पर थोपना नहीं चाहते थे।

इसी आंदोलन में कांग्रेस का नाम उछल जाने पर उसे गर्व होने लगा। कांग्रेस में भी दो पार्टियां बन गईं। समाजवादी कांग्रेस यहां पर भी अपना डंका पीट रही थी, परंतु संघ के लोग शांत थे। वे बिना कहे ही अपना कर्तव्य निभाते थे, जिस कारण हज़ारों कांग्रेसी बिना कहे संघ से जुड़ते चले गए। आंदोलन में डॉक्टर हेडगेवार ने किसी को भी असंतुष्ट नहीं होने दिया। उन्होंने अपने ऐतिहासिक उद्‌बोधन में कहा–

"धन्यवाद देकर बैठने के बाद मैं संघ का सरसंघचालक नहीं रहूंगा। डॉ. परांजपे ने संघ का चालकत्व अपने ऊपर लेने की स्वीकृति दी है। इसके लिए संघ की ओर से हम उनका हार्दिक धन्यवाद करते हैं। हम लोग जो इस आंदोलन में भाग ले रहे हैं, सब अपने व्यक्तिगत स्तर पर ऐसा कर रहे हैं। संघ की विचारधारा एवं कार्यपद्धति में किसी भी प्रकार का परिवर्तन नहीं हुआ है, न ही हमारी उस पर से श्रद्धा डिगी है। देश में जितने भी आंदोलन चलें, अंतर्बाह्य ज्ञान प्राप्त करना तथा उनका उपयोग अपने कार्य के लिए करना देश की स्वतंत्रता प्राप्ति के ध्येय से कार्यरत किसी भी संस्था का कर्तव्य है।"

•••

12

जंगल सत्याग्रह

मध्य प्रांत में वन-विभाग के अंतर्गत 19,618 वर्ग मील जंगल था। 1930-31 में इससे प्रांत को 51,11,944 रु. का राजस्व प्राप्त हुआ था। कुल व्यय 39,60,430 रु. हुआ था। 1929-30 में कुल बचत 20,21,566 रु. हुई थी। अतः 'जंगल सत्याग्रह' द्वारा प्रांतीय सरकार के राजस्व को निशाना बनाया गया। इसका उद्देश्य प्रतिबंधित वन्य क्षेत्रों में घास एवं वृक्षों को काटकर सरकारी नियमों की अवहेलना करना था।

अंग्रेजों के जंगल राज के विरुद्ध 'जंगल सत्याग्रह' का बिगुल फूंकते हुए हेडगेवार अपने साथियों के साथ नागपुर से रवाना हो गए। नागपुर रेलवे स्टेशन पर उन्हें विदाई देने के लिए सैकड़ों लोग उपस्थित थे। जिस-जिस स्टेशन पर ट्रेन रुकती, जन-सैलाब उनके स्वागत के लिए उमड़ पड़ता और उनकी जय-जयकार करता।

15 जुलाई को जब वे वर्धा पहुंचे तो वहां पर उनकी भव्य शोभा-यात्रा निकाली गई। यवतमाल में उन्होंने एक सभा का आयोजन किया। सभा में निर्णय हुआ कि 21 जुलाई को अलग-अलग भागों में एक-एक मुख्य व्यक्ति के साथ संघ के लोग सत्याग्रह को सफल बनाएं। हेडगेवार के साथ आप्पाजी जोशी, 'महाराष्ट्र' पत्र के संपादक बालासाहब ढबले, विट्ठलराव देव, भैय्याजी कुंबलवार, दादाराव परमार्थ, आर्वी के अंबाड़े, चांदा के पालेवार आदि प्रमुख लोग थे।

पहले दिन एम. एस. अणे के नेतृत्व में पहली टुकड़ी ने सत्याग्रह किया। इसके बाद 21 जुलाई के दिन डॉक्टर हेडगेवार लगभग 3-4 हज़ार लोगों को साथ लेकर चले। आगे हज़ारों व्यक्ति इस दल के साथ मिल गए। इस विशाल जुलूस में बैलगाड़ियों, पैदल और घोड़ों पर सवार व्यक्ति भी भाग ले रहे थे।

सश्रम कारावास–

डॉ. हेडगेवार ने 'जंगल कानून' तोड़ा तो उन्हें तुरंत गिरफ्तार कर लिया गया और उन्हें नौ माह की सश्रम कारावास की सज़ा हुई। हेडगेवार सत्याग्रह के नेता थे, इसी कारण उन्हें सबसे ज्यादा दिनों की सजा सुनाई गई।

जब वे जेल जा रहे थे तो उन्होंने कहा–

"जेल जाना आज देशभक्ति का पर्याय बन गया है। पर जो मनुष्य दो वर्ष जेल में रहने के लिए तैयार है, उससे यदि कहा जाए कि घर–बार के कामों से दो वर्षों की छुट्टी लेकर देश में स्वातंत्र्योन्मुख संगठन का काम करो तो कोई भी तैयार नहीं होता। ऐसा क्यों नहीं होता? ऐसा लगता है कि लोग यह बात समझने के लिए तैयार नहीं है कि देश की स्वतंत्रता साल–छः महीने काम करने से नहीं, वर्षानुवर्ष सतत संगठन करने से मिलेगी। इस क्षणिक देशभक्ति को छोड़े बिना तथा देश की स्वतंत्रता के लिए संगठन का कार्य करते हुए जीने का निश्चय किए बिना देश का भाग्य नहीं पलटेगा। यह वृत्ति युवकों में उत्पन्न करना तथा उनका संगठन करने का कार्य करना संघ का ध्येय है।"

हेडगेवार को जेल में बी श्रेणी में डाला गया था। जेल में अकेले समय बिताना बहुत कठिन कार्य था। फिर कुछ दिनों बाद इनके साथ राजेश्वर राव देशमुख और दादासाहब सोमन को रखा गया। हेडगेवार को वहां देख देशमुख ने अपनी डायरी में लिखा–

"श्रावण के कृष्ण पक्ष का सोमवार था। उस दिन मेरे जीवन का अत्यंत महत्त्वपूर्ण क्षण था। जाते ही सामने परमपूज्य डॉ. हेडगेवार बैठे दिखे। संघ के जन्मदाता के साथ रहने का अवसर मिलेगा, मैंने कभी कल्पना भी नहीं की थी। मुझे बड़ा आनन्द हुआ और वृद्ध माता–पिता और छोटे–छोटे बच्चों को पीछे छोड़कर जेल जाने का दुःख बिल्कुल भूल गया।"

14 जनवरी, 1931 को डॉक्टर हेडगेवार को जेल से मुक्त कर दिया गया। चार दिन बाद वे नागपुर पहुंचे। लोगों ने उनका गर्मजोशी से स्वागत किया। उनकी लगन, मेहनत, त्याग का रंग चमकने लगा था। अब राष्ट्रीय स्वयंसेवक संघ का नाम किसी परिचय का मोहताज नहीं था। सारे भारत वर्ष में इसकी शाखाएं बन चुकी थीं।

डॉ. केशवराव बलिराम हेडगेवार

(1 अप्रैल, 1889 से 21 जून, 1940)

गुरुजी के साथ डॉ. हेडगेवार

राष्ट्रचिंतक हेडगेवार

मंच पर भाषण देते स्वातंत्र्यवीर सावरकर।
साथ में डॉ. हेडगेवार और गुरुजी

गुरुजी और डॉ॰ श्यामाप्रसाद मुखर्जी के साथ डॉ. हेडगेवार

डॉक्टर हेडगेवार सहयोगियों के साथ

डॉ. हेडगेवार : भविष्य पर दृष्टि

डॉक्टर हेडगेवार और गुरुजी : मंत्रणा करते हुए

बैंड की धुन पर खेल-खेल में व्यायाम करते स्वयंसेवक

डॉ. हेडगेवार : फुर्सत के क्षण मुश्किल से मिलते हैं

डॉ. हेडगेवार : स्वप्न देखा था कभी जो, आज हर धड़कन में है

डॉ. हेडगेवार की रुग्णावस्था में सेवा में लगे गुरुजी, जो बाद में सरसंघचालक बने।

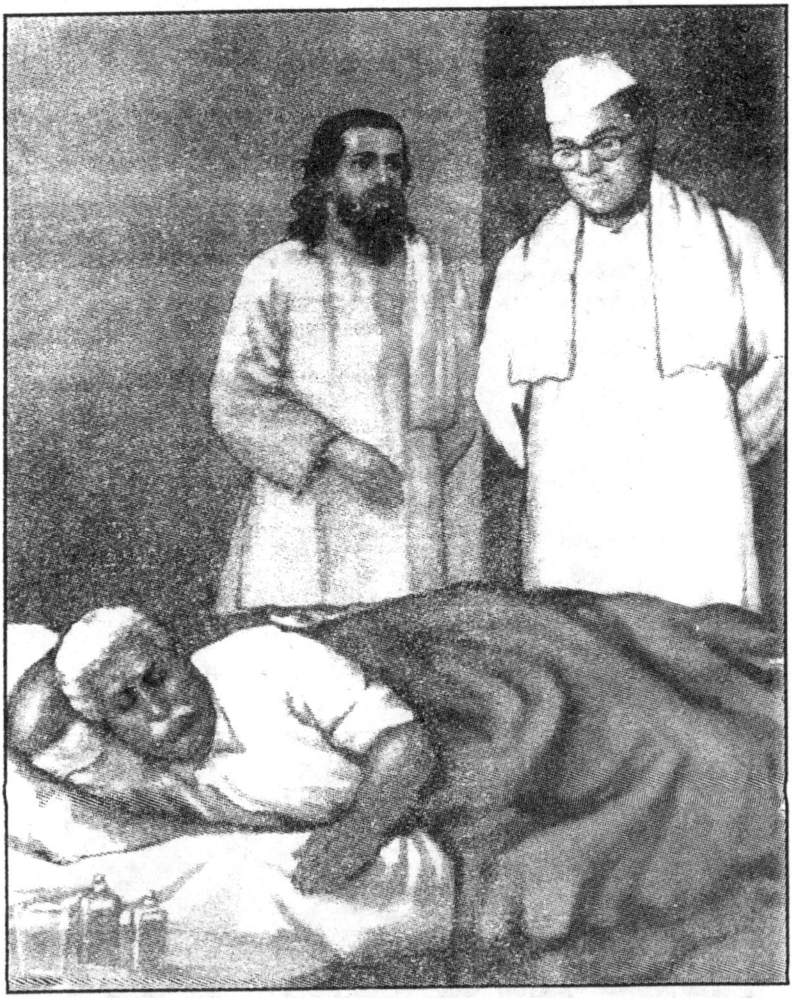

डॉ. हेडगेवार से मिलने जब एक बार सुभाषचंद्र बोस नागपुर पहुंचे तो वे बीमार थे और उन्हें 104 डिग्री बुखार था। तब उन्हें दूर से ही प्रणाम कर वे लौट गए।

रेशमी बाग, नागपुर में डॉ. हेडगेवार स्मृति मंदिर

स्मृति मंदिर में डॉ. हेडगेवार की समाधि

कुछ लोग निजी स्वार्थ से संघ में सम्मिलित हो गए थे जिन्होंने राजनीतिक रूप से इसका उपयोग करना प्रारंभ करना चाहा। लेकिन जब इसकी सूचना हेडगेवार को मिली, उन्होंने उसी समय उन लोगों को संघ से निकाल दिया। निकाले गए अधिकांश व्यक्ति कांग्रेसी थे।

डॉ. हेडगेवार अखिल भारतीय जन आंदोलन के साथ कांग्रेस के सहयोग से एक मंच बनाना चाहते थे। वे साम्राज्यवाद का विरोध करते थे। इसी कारण कांग्रेस के हर कार्यक्रम में बिना कोई शर्त के हर पद संभालते रहे। उन्होंने कभी भी कांग्रेस को कमज़ोर नहीं होने दिया।

जिस प्रकार डॉक्टर हेडगेवार ने संघर्ष किया, वह सराहनीय तो रहा ही, राष्ट्र के लिए एक बेजोड़ शक्ति भी साबित हुआ। डॉ. हेडगेवार ने संघ का विस्तार किया, उसे देखकर लोग इनसे जुड़ते गए। लोगों को संघ का गणवेश बहुत आकर्षित करता था। साथ ही संघ का अनुशासन तथा क्रियाकलाप लोगों को बहुत भाते थे। इसी कारण आज दुनिया भर में राष्ट्रीय स्वयंसेवक संघ की एक विशेष पहचान है।

वे संघ के संस्थापक होने के नाते अपनी मर्जी किसी पर थोपना नहीं चाहते थे। भारत के हिन्दू धर्म के प्रति जो आवश्यकता रही, वे उसी के प्रति सजग रहते थे।

1927 से 1930 तक हिन्दू-मुस्लिम संबंध में दूरियां बढ़ने लगी थीं। वे यह मानते थे कि संघ मात्र हिन्दुओं के लिए ही कार्य करता है, परंतु ऐसा कुछ भी नहीं था।

नाना प्रकार की कठिनाइयों को सहन करने के बाद भी हेडगेवार ने संघ की नींव कमज़ोर नहीं होने दी। वे प्राय: सभी के साथ बैठने के बाद कोई निर्णय लेते थे। वे कभी भी किसी को असंतुष्ट नहीं करते थे। कुछ लोग गांधी जी की आलोचना करते थे। परंतु वे सभी को डांट दिया करते थे। इसी समय मुंजे सत्याग्रह की डोर आगे बढ़ा रहे थे। उन्हें भी अंग्रेजों ने जेल में डाल दिया। अभी भी अंग्रेजों पर कोई अंकुश नहीं लग पाया था। इस स्थिति से व्यथित होकर डॉ. हेडगेवार ने लिखा–

"परिस्थिति वश जो चल रहा है, वैसा ही और कुछ समय तक चलता रहे। अन्य उपाय नहीं है। मैं जानता हूं कि वहां की (जेल की)

परिस्थिति स्वयंसेवकों को अत्यंत पीड़ादायक अनुभव होती है और इस कारण मेरा हृदय सदैव व्यथित रहता है।"

जब मुंजे जेल काटकर निकले तो कांग्रेस और संघ में कुछ अधिक दूरियां बनने लगी थीं। इसको देखते हुए हेडगेवार ने सभी सदस्यों की बैठक करके संघ और कांग्रेस को अलग-अलग कार्य करने के लिए कह दिया। इस पर कुछ लोग हेडगेवार से असंतुष्ट रहने लगे। असंतुष्ट लोगों में से दामोदर राव ने कहा—"संघ के स्वयंसेवकों की कहानी होगी कि वह जन्मा, संघ में शामिल हुआ और बिना कुछ किए मर गया।"

•••

13

संघ और हिन्दू महासभा

डॉ. बी. एस. मुंजे 'हिन्दू महासभा' से जुड़े थे जो सामाजिक कार्यकलापों से अधिक राजनीति में दिलचस्पी लेते थे। डॉ. मुंजे और हेडगेवार में तभी से गहरे संबंध थे, जब वे संघ की नींव डाल रहे थे। ये संबंध बहुत वर्षों तक घनिष्ठ रहे। कुछ गलत सोच वालों के कारण इन दोनों मित्रों में कुछ दूरियां भी बनने लगी थीं। दोनों व्यक्ति देश के प्रति समर्पित रहे। डॉ. हेडगेवार को उनके क्रांतिकारी जीवन में मुंजे का विशेष सहयोग प्राप्त होता रहा। कुछ लोगों का मानना है कि डॉ. मुंजे संघ के संस्थापक हैं लेकिन वर्तमान समय में डॉ. हेडगेवार को ही संघ का संस्थापक माना जाता है।

लेखक चेतन भट्ट ने अपनी पुस्तक **'हिन्दू नेशनलिज्म'** में लिखा है कि 'संघ के एक संस्थापक डॉक्टर मुंजे हैं।' एक विदेशी शोध छात्रा कैसोलरी मार्जिया डॉ. मुंजे को ही संघ का सिद्धांतकार मानती थी। उसने अपने एक लेख में लिखा–

"पहला हिन्दू राष्ट्रवादी जो फासीवादी व्यवस्था के संपर्क में आया था; वे थे—डॉ. बी. एस. मुंजे, जो एक राजनीतिज्ञ थे। जिनका संघ के साथ अंतरंग संबंध था। वास्तव में डॉ. मुंजे डॉ. हेडगेवार के गुरु थे। दोनों में घनिष्ठ मित्रता थी।'

डॉ. मुंजे संघ के सदस्यों को प्रशिक्षण देने का महत्त्वपूर्ण कार्य संभालते थे। वे सारे गुण जो एक सैनिक में होते हैं, वे समस्त गुण मुंजे में थे। इसलिए डॉ. मुंजे संघ के सदस्यों को सैन्य शिक्षा आदि का प्रशिक्षण देते थे। एक बार डॉ. मुंजे ने हेडगेवार को बिना बताए उन्हें **'केंद्रीय हिंदू सैनिक शिक्षा परिषद्'** का सदस्य बना दिया।

डॉ. हेडगेवार ने इस सदस्यता पर कोई विशेष ध्यान नहीं दिया। इस पर मुंजे ने लिखा–

"मैंने श्री बोबड़े एवं डॉ. हेडगेवार को केंद्रीय हिन्दू सैनिक शिक्षा परिषद् के शासकीय निकाय में सम्मिलित कर लिया है। मैंने न तो इस संबंध में उनसे विचार-विमर्श किया, न ही ऐसा करने से पूर्व उनकी सहमति ली है। इसके सदस्य बनने के लिए 100 रुपये पहले देने होते हैं। मैं डॉ. हेडगेवार का शुल्क जमा कर दूंगा। मैं हर हालत में अपने साथ उनको शासकीय निकाय में रखना चाहता हूं।"

डॉ. हेडगेवार ने सैनिक परिषद् का सदस्य बनने में कोई विशेष रुचि नहीं ली क्योंकि वे संघ के कार्यकलापों में बहुत व्यस्त रहते थे। वे संघ की दीवारों को हिलता नहीं देख सकते थे। मुंजे का कहना था कि हेडगेवार एक-दो बैठकों में अवश्य शामिल हुए, फिर कागज़ों में बने रहे।

डॉ. हेडगेवार संघ की विशेष बैठकों में उन सबको भी बुलाते थे जो संघ की जड़ें काटते थे। इन आलोचकों को देखकर संघ के महासचिव बालाजी हुद्दार भी संघ के आलोचक बन गए थे। जबकि हेडगेवार सबको साथ लेकर चलते थे।

1930 के दशक में जब अंग्रेजों का दमन जोरों पर था, उन्होंने उस समय भी घुटने नहीं टेके। डॉ. हेडगेवार का मानना था कि 'आज़ादी के लिए चाहे हिंसा-अहिंसा अपनानी पड़े, हम पीछे नहीं हटेंगे।'

डॉ. हेडगेवार कभी मुस्लिम लीग से भय नहीं खाते थे। न ही कभी चिंतित होते थे। हेडगेवार कहते थे कि हिन्दू स्वयं की एकता की कमी के कारण पीछे हैं। जो भी हिन्दू-मुस्लिम झगड़े की बात की जाती, तो वे उन्हें राष्ट्रीय नहीं मानते थे।

इस संबंध में डॉ. मुंजे ने 14 फरवरी, 1932 को हिन्दू महासभा की एक सभा में भाषण देते हुए कहा–

"अगर अंग्रेज शासन की बागडोर भारतीयों के हाथों में सौंपने को तैयार हों तो वे किसे सौपेंगे—हिन्दुओं के अथवा मुस्लिमों के हाथों में? अगर मुस्लिमों को सौंपी जाती है तो इस बात की क्या गारंटी है कि वे अफगानिस्तान के अमीरों को बागडोर नहीं सौंप देंगे? अगर हिन्दुओं को सौंपी जाती है तो क्या वे मुस्लिम आक्रमण को रोकने

में सक्षम होने का आत्मविश्वास रखते हैं? अगर नहीं, तो शासन के हस्तांतरण से उन्हें क्या मिलेगा?"

मुंजे का यह भाषण हेडगेवार को राष्ट्रवाद के प्रतिकूल लगा। और वे संघ के एक अन्य नेता मार्तंड जोग के साथ डॉ. मुंजे के निवास पर जा पहुंचे। इस विषय पर मुंजे ने लिखा–

"जोग ने मेरे कल के भाषण पर जोरदार विरोध जताया। मैं नहीं समझ पाया कि उन दोनों को मेरे भाषण के किस अंश पर आपत्ति थी। जोग के विरोध ने इस बात को स्पष्ट कर दिया कि वे मानकर चल रहे हैं कि मैं संघ के मंच एवं उसकी छवि का उपयोग अपने हित में कर रहा हूं। मेरी आँख खुल गई। आगे से मैं संघ के मामले में व्यक्तिगत ध्यान देना बंद कर दूंगा। मैं उनकी सभा में बोलने से भी आगे इंकार करूंगा। मैं यह नहीं चाहता कि वे समझें कि मैं उनका शोषण कर रहा हूं।"

ये बातें सार्वजनिक होने पर पत्र-पत्रिकाओं में आलोचनाएं छपने लगीं। फिर भी हेडगेवार शांत बने रहे। जब उनसे नहीं रहा गया तब 1938 में वर्धा की महासभा में उन्होंने सभी बातों को खोला। इस सभा में उन्होंने कहा—"संघ ने हिंदुओं को संगठित करने का कार्य हाथ में लिया है जबकि हिन्दू महासभा राजनीतिक संगठन है। यह मेरी धारणा है कि जब देश परतंत्र है तब देशभक्तों को राजनीति में अवश्य भाग लेना चाहिए। संघ हिन्दुओं में देशभक्ति की भावना जगाकर उन्हें संगठित करने का काम कर रहा है, अतः स्वयंसेवकों के लिए महासभा के कार्यक्रमों में भाग लेना संभव नहीं है। अगर महासभा उन्हें प्रेरित करती है तो संघ उन्हें नहीं रोकेगा। यह सत्य है कि संघ अपने स्वयंसेवकों को महासभा में भाग लेने के लिए निर्देश नहीं देता है।"

उसी दौरान नागपुर में दशहरा उत्सव के दौरान गोलवलकर गुरुजी ने हेडगेवार की उपस्थिति में संघ की तटस्थता पर उठाए जा रहे सवालों का जवाब देते हुए कहा–

"आज संघ ने चौदह वर्ष पूरे कर लिए हैं और पंद्रहवें में प्रवेश कर लिया है। हम यौवन की ओर बढ़ रहे हैं। अनेक प्रकार की गतिविधियां हैं परंतु संघ ने सभी को छोड़कर सिर्फ एक कार्य चुना है, वह है— हिन्दुओं का संगठन। हमने 'राजनीति' के लेबल वाले सभी कामों से

अपने को उस अर्थ में अलग रखा है कि हम किसी भी वर्तमान राजनीतिक दल/संस्था से जुड़े नहीं हैं। हमें अपनी दिशा में, अपनी नीतियों और कार्यक्रमों के आधार पर बिना दूसरों के साथ भ्रमित हुए कार्य करते रहना है।"

हिन्दू महासभा चाहती थी कि संघ उनकी राजनीतिक गतिविधियों में उनका साथ दे। ऐसा न होते देख उसने संघ की आलोचना शुरू कर दी। कुछ लोगों ने संघ की शाखा में जाना बंद कर दिया था।

इस मिथ्या आलोचना का जवाब देते हुए संघ के नेता भाऊराव देशमुख ने पूना में एक भाषण में कहा–

"सबसे पहले मैं उन दूषित मस्तिष्कों को बताना चाहता हूं कि संघ हिन्दुओं का सैन्य बल अथवा हिन्दू महासभा का सैन्य संगठन नहीं है। संघ का प्रयास है कि देश के हिन्दुओं को सही अर्थों में राष्ट्रवादी बनाए। संघ एवं दूसरे संगठनों में ज़मीन-आसमान का अंतर है। इतना बड़ा संगठन दूसरों को श्रमशक्ति प्रदान करने के लिए तो नहीं ही बनाया गया है। संघ में चाहे कितना भी अच्छा सैनिक प्रशिक्षण क्यों न दिया जाए, यह संघ का असली रूप नहीं है। संघ का कार्य तो बौद्धिक रूप से देश के मस्तिष्क को ढालना है, जिससे राष्ट्रवाद का संचार हो सके।"

●●●

14

सरकारी दमनचक्र और संघ

संघ अंग्रेजों के विरुद्ध देश भर में आग उगल रहा था। अंग्रेजों ने अनेक गुप्तचर छोड़ रखे थे। वे यही पता लगाया करते थे कि संघ के कहां और क्या-क्या कार्यक्रम हैं? कहां आयोजन हैं? अंग्रेज सरकार यह समझ गई थी कि संघ के रास्ते हिन्दू आज़ादी पा सकते हैं। उन्हें दिन-रात डर लगा रहता था कि संघ कोई नया गुल तो नहीं खिला रहा है। जहां भी संघ के कार्यक्रम होते, पुलिस के सिपाही चारों ओर से संघ के लोगों को घेर लेते थे। सिपाहियों को डर लगा रहता था।

सरकारी प्रतिबंध–

संघ के बढ़ते कदमों को रोकने के लिए सरकार ने हिन्दू लोगों पर प्रतिबंध लगा दिया कि 'जो भी संघ से जुड़ेगा, उसे जेल में डाल दिया जाएगा।' अंग्रेजों ने यह आदेश दिया कि 'किसी भी सरकारी कर्मचारी को राष्ट्रीय स्वयंसेवक संघ का सदस्य बनने अथवा उसके कार्यक्रमों में भाग लेने की अनुमति नहीं रहेगी।'

इस आदेश से कुछ लोग निष्क्रिय हो गए। इस संबंध में अपने विचारों को रखते हुए हेडगेवार ने कहा :

"नागपुर में संघ एक शक्तिशाली संस्था है और सरकार द्वारा इस पर प्रतिबंध लगाने के विश्वस्त समाचार मिलने लगे हैं। मुझे कौंसिल के कुछ सदस्यों ने बताया है कि यह समाचार सरकार के अंतःस्थ सूत्रों से आया है। परंतु मुझे पूरा विश्वास है कि मध्य प्रांत की सरकार इतनी मूर्खता नहीं करेगी, क्योंकि संघ में अत्यंत शांति एवं अनुशासन के साथ शिक्षा दी जाती है। उसे प्रतिबंधित करके व्यर्थ में सरकार अपने सिर

पर झंझट क्यों मोल लेगी? मैं उन दिनों सदैव कहता था कि सरकार संघ को बंदी नहीं कर सकती क्योंकि यह तो अपने पैरों पर कुल्हाड़ी मारना ही होगा। जिस दिन सरकार इसे गैर-कानूनी बताकर बंद करेगी, उसी दिन नागपुर में संघ की दो सौ शाखाएं हो जाएंगी। संघ में जितने स्वयंसेवक हैं, प्रतिबंध के बाद उतनी ही शाखाएं हो जाएंगी।"

हेडगेवार के इस चुनौतीपूर्ण वक्तव्य से संघ और इसके कार्यकर्ताओं का हौसला बढ़ा। सरकारी कर्मचारी भी इससे पूर्ववत जुड़े रहे। संघ पर प्रतिबंध के सिलसिले में विधान परिषद् के एक सदस्य एम.पी. कोतले ने इन प्रश्नों के उत्तर मांगे :

1. क्या यह सत्य नहीं है कि संघ राजनीति में भाग नहीं लेता और धार्मिक एवं सामाजिक गतिविधियों से जुड़ा हुआ है?
2. अगर ऐसा है तो क्या आप कृपा करके संघ में भाग लेने से सरकारी कर्मचारियों पर लगाए गए प्रतिबंध को वापस लेंगे?

सरकार ने इसके उत्तर में कहा कि 'यह हमारी जानकारी में नहीं है कि संघ राजनीतिक गतिविधियों में भाग नहीं लेता है।'

शासन के अंदर हड़कंप मचा हुआ था। सरकार हर किसी पर पाबंदी लगाना चाहती थी—सरकारी कर्मचारियों पर ही नहीं, उनके सगे-संबंधियों पर भी। इस बात को लेकर जब मुंजे ने प्रांत के मुख्य सचिव ई. गोर्डन से प्रश्न किया तो उसने अपने वक्तव्य में कहा—"हमारा परिपत्र सिर्फ सरकारी कर्मचारियों के संबंध में है। दूसरों के बारे में कोई जिक्र नहीं है। मुझे इस बात की कोई जानकारी नहीं है कि उनके पुत्रों एवं संबंधियों को भी रोका जा रहा है।"

अधिकांश समाचार पत्र-पत्रिकाओं ने इस सरकारी आदेश की निंदा की। हेडगेवार ने इस पर टिप्पणी करते हुए एक वरिष्ठ संघ कार्यकर्ता को इस प्रकार पत्र लिखा-

"आप जैसे कार्यकर्ताओं के संघ में रहने के कारण आज की प्रतिकूल परिस्थिति में भी संघ कार्य निरंतर प्रगति पथ पर अग्रसर है। सरकारी आदेश में कहा गया कि संघ का स्वरूप 'सांप्रदायिक' एवं 'राजनीतिक' है परंतु अपना संघ सांप्रदायिक नहीं है। इस सरकारी आदेश पर नागपुर के संघ पर भी विपरीत परिणाम नहीं हुआ है, न ही वह आगे चलकर होगा।"

संघ के रास्ते में तमाम सामाजिक, राजनीतिक, आर्थिक, प्रशासनिक रुकावटें आईं परंतु हेडगेवार के अथक प्रयास से संघ की नींव मज़बूत बनी रही।

संघ-शक्ति–

हर वर्ष संघ-सदस्यों की संख्या बढ़ रही थी। डॉ. हेडगेवार बिना पीछे देखे आगे बढ़ रहे थे। नागपुर में संघ का विस्तार बड़े पैमाने पर हो गया था। इसके अलावा उत्तर भारत, मध्य भारत तक इसने पैर पसार लिए थे। संघ के इस विस्तार से प्रसन्न होकर एक राष्ट्रवादी बाबाराव सावरकर ने डॉ. हेडगेवार से कहा—"डॉक्टर, आज मैं अपनी 'तरुण हिंदू सभा' का विसर्जन कर रहा हूं। आप इसे संघ में समाविष्ट कर लीजिए। इसके आगे मेरी जो कुछ शक्ति होगी, उसे मैं संघ के लिए ही खर्च करूंगा।"

संघ को बाबाराव के रूप में एक नई ऊर्जा प्राप्त हुई। बाबाराव ने बिना किसी पद के निष्ठापूर्वक कार्य किया। तरुण हिन्दू सभा को देखकर कुछ अन्य संस्थाओं का भी संघ में विलय हो गया।

इन दिनों हनुमान व्यायामशाला, हनुमान प्रचारक मंडल, प्रताप व्यायामशाला खूब प्रसिद्ध थे। इन व्यायामशालाओं में कुश्ती, युद्ध कलाओं आदि का प्रशिक्षण चलता था और लोगों की भीड़ भी खूब एकत्रित होती थी। बाबाराव का इन व्यायामशालाओं में परिचय था। उन्होंने अपने प्रयास से इन संस्थाओं के सदस्यों को भी संघ से जोड़ लिया था।

बाबाराव सावरकर के प्रयास से लगभग 150 संस्थाएं संघ में सम्मिलित हुई थीं। ये सभी संस्थाएं स्वेच्छा से संघ में शामिल हुई थीं। डॉ. हेडगेवार ने कभी इनकी आवश्यकता व्यक्त नहीं की थी।

हनुमानशाला के कुछ प्रशिक्षक अंग्रेजों को भी प्रशिक्षण दिया करते थे। अंग्रेज इनसे प्रसन्न होकर कुछ लोगों को विदेश भी भेजते थे। प्रशिक्षण देने के बदले कुछ सहयोग राशि अखाड़े के कार्यों के लिए मिल जाती थी। जब हेडगेवार को इस बात की जानकारी हुई तो उन्होंने कहा–

"दूसरे राष्ट्रों के आंदोलनों से हिन्दुस्तान के आंदोलन की तुलना करना उचित नहीं होगा। हम परतंत्र हैं और वे राष्ट्र स्वतंत्र हैं। फिर

विदेशों में दौड़-धूप करने का प्रयोजन क्या है? अपने इतिहास की तरफ दृष्टि डालने से दिखाई देगा कि हमारे इतिहास में अनेक स्फूर्तिप्रद प्रसंग भी हैं। हमें अपने इतिहास पर अधिष्ठित रहने की आदत डालनी चाहिए।"

हेडगेवार के विचारों को सुनने के बाद व्यायामशाला के सदस्यों ने अंग्रेजों को प्रशिक्षण देना बंद कर दिया और विदेश जाकर प्रशिक्षण लेना भी बंद कर दिया। इससे अंग्रेज और भी कुपित हो गए। उन्होंने दमन की नीति तेज कर दी।

शाखा स्थान पर कब्जा–

नागपुर के मोहितेवाड़ा नामक स्थान पर संघ की एक विशाल शाखा लगती थी जिसको तितर-बितर करने के लिए अंग्रेजों ने कोई कसर न छोड़ी। हेडगेवार रोज-रोज के झंझट से दूर रहने के लिए शाखा को राजा लक्ष्मण राव भोंसले के हाथीखाने में लगाने लगे। यह स्थान राजा लक्ष्मण राव ने संघ के लिए स्वयं ही दिया था। बहुत दिनों तक संघ का कार्य यहां चलता रहा। लेकिन राजा लक्ष्मणराव भोंसले के निधन के बाद उनके नाबालिग पुत्र ने संघ को वहां से चले जाने का निर्देश दिया।

अचानक इतनी बड़ी जगह की कोई व्यवस्था नहीं थी। यह बहुत बड़ा संकट था। इसी कारण बहुत दिनों तक संघ की शाखा नहीं लग सकी। इस बात से विचलित न होते हुए हेडगेवार ने कहा—"अगर सरकार सोचती है कि इन चीजों से संघ का कार्य रुक जाएगा तो यह उसका भ्रम है।"

और संघ ने प्रतिबंध की उपेक्षा करते हुए मोहितेवाड़ा में 20 जुलाई, 1933 के दिन 200 स्वयंसेवकों की शाखा लगाकर सरकार को चुनौती दी। यह शाखा कई दिनों तक सफलतापूर्वक चलती रही। उपनिवेशिक शासन ने भी अपने हथकंडे अपनाने शुरू कर दिए। शासन ने संघ के विरुद्ध एक नया परिपत्र जारी किया–

"सरकार को ज्ञात हुआ है कि *जिला परिषदों के कतिपय शिक्षक* राष्ट्रीय स्वयंसेवक संघ के सदस्य बन गए हैं। इस संगठन के सांप्रदायिक स्वरूप के कारण सरकारी नौकरों पर उसके सदस्य बनने अथवा उसके कार्यक्रमों में भाग लेने पर रोक लगा दी गई। मध्य प्रांत (स्थानीय

स्वशासन मंत्रालय) का मत है कि स्थानीय निकायों के कर्मचारियों का भी इस संगठन के साथ किसी भी तरह का संबंध रखना अवांछनीय है। वे समाज के सभी वर्गों का प्रतिनिधित्व करने वाली संस्थाओं द्वारा नियुक्त कर्मचारी हैं। सामान्य मतदाता के आधार पर शासन को स्थानीय संस्थाओं के कराधान का अधिकार प्राप्त है। इस परिस्थिति में स्थानीय निकायों के लिए अनुचित होगा कि वे अपने कर्मचारियों को किसी भी सांप्रदायिक संगठन में भाग लेने दें। मेरा निवेदन है कि आप अपने विभाग की स्थानीय संस्थाओं को यह दृष्टिकोण भली-भांति समझा दें तथा उन्हें अपने कर्मचारियों को इस विषय में स्पष्ट आदेश देने के लिए प्रेरित करें।"

यह परिपत्र सरकार ने विभिन्न संगठनों एवं सरकारी कार्यालयों को भी भेज दिया। इस पत्र से संघ को बड़ी मुश्किलों का सामना करना पड़ा। कुछ छोटी-मोटी संस्थाओं ने संघ का साथ छोड़ दिया। वर्धा में संघ की शाखा एक स्कूली मैदान में नहीं लगने दी गई।

'हितवाद' ने इस विषय में लिखा-

"ज़िला परिषद् के अध्यक्ष एवं उपाध्यक्ष ने यह प्रण कर लिया था कि संघ के सम्मेलन स्कूल के मैदान में नहीं लगने देंगे। उन्होंने इसके लिए पुलिस अधीक्षक से शिकायत करके पुलिस सहायता भी ली थी।"

यह कोई नया विरोध नहीं था जो डॉ. हेडगेवार उनके सामने अपने घुटने टेकते। समस्या को सामने देखते हुए एक आवश्यक बैठक बुलाई गई। इस बैठक में भाऊ साहब कालीकर, माधवराव चिटनवीस, टी. जे. केदार, एम. एस. अणे, हरिभाऊ मुंजे, सरदार यशवंत राव आदि विद्वान व्यक्तियों ने विचार-विमर्श किया। उन्होंने निर्णय लिया कि 'अंग्रेज जितना भी अत्याचार करें, हमें ज्यादा शक्ति के साथ सामने आना होगा।' अखिल महाराष्ट्र साहित्य सम्मेलन के अध्यक्ष काका साहब खाडिलकर ने इस अवसर पर कहा-

"हम साहित्यकार तो वाग्वीर हैं पर संघ तो शक्ति की प्रत्यक्ष उपासना कर रहा है। यह शक्ति का मूर्त स्वरूप है। सहस्रों व्याख्यान देकर और लेख लिखकर हम जो काम सिद्ध नहीं कर सकते हैं, जो विचार लोगों के मन में अंकित नहीं कर सकते हैं, वह संघ के इस कार्य से संभव हो गया है। प्रत्यक्ष दृश्य स्वरूप से ही महान तत्त्वों का बोध हो सकता है, संघ इसका अत्यंत प्रभावी उदाहरण है।"

संघ की अग्नि परीक्षा–

हेडगेवार अंग्रेजों की दमनात्मक कार्यवाही को रोकने के प्रयास में लगे हुए थे। अंग्रेजों ने भी संघ को धूल में मिलाने के लिए कमर कस ली थी।

डॉ. हेडगेवार ने संघ नेता उमाकांत आप्टे को एक पत्र लिखा–

"इस सर्कुलर से डरने का बिल्कुल कारण नहीं है। इस सर्कुलर का विरोध करने हुए प्रस्ताव ज़िला परिषदों एवं नगर पालिकाओं से पारित करवाना चाहिए तथा निषेध प्रस्तावों को सरकार के पास भेजा जाना चाहिए।"

सरकार द्वारा लगाए गए आरोपों के संबंध में उन्होंने दूसरे पत्र में लिखा–

"संघ के विरोधी लोगों की दशा ऐसी है कि दोषारोपण तो करते नहीं बनता, न ही संघ की कार्यवृद्धि वे सह पाते हैं। संघ किसी भी अवसर पर सांप्रदायिक नहीं रहा है, न ही किसी भी सांप्रदायिक आंदोलन में संघ कभी भी सहभागी था। साथ ही अन्य किसी जाति या परधर्मियों से द्वेष या तिरस्कार संघ ने कभी नहीं किया। अतः संघ को सांप्रदायिक नहीं कहा जा सकता। इस पृष्ठभूमि पर नया सर्कुलर अनावश्यक एवं अन्यायकारी है।"

इसके बाद डॉ. हेडगेवार ने विभिन्न ज़िला परिषदों को पत्र लिखे जिनमें बताया कि **'संघ कोई सांप्रदायिक संगठन नहीं, न ही जातिवाद संगठन है।'** जब यह पत्र अकोला ज़िला परिषद् में पहुंचा, वहां के लोगों ने अंग्रेजों की डटकर निंदा की और डॉ. हेडगेवार को एक सिद्ध पुरुष बताते हुए संघ का हर प्रकार से सहयोग देने का आश्वासन दिया।

नागपुर नगरपालिका ने भी संघ का पूर्ण समर्थन किया। सावनेर नगरपालिका ने एक प्रस्ताव पारित किया–

"नगरपालिका कमेटी यह मानती है कि राष्ट्रीय स्वयंसेवक संघ नाम की जो संस्था है, वह सांप्रदायिक नहीं है और उसकी गतिविधियां आपत्तिजनक नहीं हैं। कमेटी यह भी मानती है कि संघ की गतिविधियों में नगरपालिका कर्मचारियों की भागीदारी से इसके काम में न तो अड़चन आई है और न ही आगे अड़चन आने की कोई संभावना है। यह संस्था युवकों को शारीरिक एवं नैतिक शिक्षा देने के कारण बहुत ही

उपयोगी है। अतः कमेटी परिपत्र के विरुद्ध अपना विरोध प्रकट करते हुए उसे वापस लेने का अनुरोध करती है।"

भंडारा, वर्धा, उमरेड, काटोल आदि नगरपालिकाओं में भी इसी प्रकार के प्रस्ताव पारित किए।

अंग्रेजों को शिकस्त–

दो वर्ष तक संघ और अंग्रेजों में प्रत्यक्ष टकराव का दौर चलता रहा। लेकिन संघ डिगा नहीं बल्कि इस लड़ाई से वह देश-विदेश तक चर्चित हो गया। विधान परिषद्, नगरपालिका और तमाम विभागों में संघ की हर रोज चर्चा सुनने को मिलती थी। इस चर्चा से डॉ. हेडगेवार एक नेक व्यक्ति के रूप में प्रसिद्ध हुए और अंग्रेजों को संघ से हार माननी पड़ी।

यह भी सिद्ध हो गया था कि संघ स्वराज के लिए संघर्ष कर रहा है। वह सांप्रदायिक संगठन नहीं है। इस विरोध से संघ को बड़ा समर्थन प्राप्त हुआ था। इस विरोध का सामना विधानसभा के सदस्यों को भी करना पड़ा। हर सरकारी व्यक्ति संघ से पुनः जुड़ गया था। इस सफलता को देखते हुए डॉ. हेडगेवार ने जनसम्पर्क तेज कर दिया था। हर व्यक्ति उनसे मिलने को लालायित रहता था। जो व्यक्ति उनके विरोधी थे, वे भी उनके समर्थक बन गए थे।

1934 तक अधिकांश ब्राह्मण, मराठी, मुसलमान, तिलकवादी, गांधीवादी—समस्त संगठन हेडगेवार के साथ हाथ मिला चुके थे। हेडगेवार को इस प्रकार का समर्थन मिलेगा, यह सरकार को आशा नहीं थी। इस समर्थन के पीछे राज़ यह था कि डॉ. हेडगेवार ने हर कठिन परिस्थिति का सामना किया था। अब यह बात विधान परिषद् के सदस्यों को भी समझ में आ गई थी कि संघ सांप्रदायिक नहीं है। इसका उत्तर विधानसभा अध्यक्ष से मांगा गया। लेकिन सरकार के पास कोई उत्तर नहीं था।

जब सदस्यों ने जानना चाहा कि संघ को सांप्रदायिक संगठन किस आधार पर कहा गया, उत्तर में राजभक्त गृहमंत्री राघवेन्द्र राव ने कहा— "संघ के सूत्रधारों के भाषण से ऐसा दिखता है कि उन्होंने अपने सम्मुख जर्मनी के नाजीवाद अर्थात् हिटलरशाही को ध्येय एवं कार्य पद्धति के आदर्श के रूप में स्वीकार किया है।"

विधान सभा सदस्य बार-बार इस प्रश्न का उत्तर मांग रहे थे। सदस्यों ने कहा—"क्या सरकार को कोई मुस्लिम संगठन साम्प्रदायिक लगता है?"

इस प्रश्न का उत्तर भी सरकार के पास नहीं था। क्योंकि बहुत-से मुस्लिम, संघ के सदस्य थे और बहुत-से मुस्लिम संघ का साथ दे रहे थे। लम्बी बहस के बाद सदस्यों से कहा गया कि 'हम यह विषय कभी भी उठा सकते हैं।'

बाद में सरकार को बर्खास्त सरकारी कर्मचारियों को नौकरी पर वापस लेना पड़ा।

और इस प्रकार संघ एक नई शक्ति के साथ उभरा। इसकी राष्ट्रवादी गतिविधियां पुनः आरंभ हो गईं।

•••

15

अंतिम क्रांति और उत्तराधिकार

डॉ. हेडगेवार द्वारा संघ की स्थापना का जो परचम लहराया, उनकी सफलता के पीछे अनेक बातों ने काम किया। समाचार पत्रों द्वारा प्रचार-प्रसार, आलोचनात्मक लेख और सकारात्मक तथा सही समाचार—इनमें प्रमुख घटक बने। 1934 में जब संघ ने अंतरराष्ट्रीय पहचान बना ली, तब डॉ. हेडगेवार ने प्रत्येक संघ प्रमुख को पत्र लिखा–

"नागपुर में संपन्न हुए ग्रीष्मकालीन वर्ग के अंतिम दिनों में वर्ग को देखने आए संघचालकों की बैठक हुई। इस बैठक में प्रत्येक ज़िले की हर तहसील में कम से कम दस शाखाएं प्रस्थापित होनी चाहिए, ऐसा तय हुआ। और तदनुसार लोग काम में जुट गए हैं। संघ कार्य ऐसा नहीं है कि जो विलंब से, यथावकाश किया जाए। अपना पूर्ण महाराष्ट्र यथाशीघ्र सुसंगठित करके और कार्य का यही मॉडल अन्य प्रांतों के सम्मुख रखकर आगामी पांच-दस वर्ष की कालावधि में हमें संपूर्ण हिन्दुस्तान सुसंगठित करना है।"

इसके बाद डॉ. हेडगेवार ने दिन-रात दौड़-भाग शुरू कर दी। उन्होंने सोचा, 'संघ जितना मज़बूत बन जाए, उतना ही कम है।' इसी कारण उनका स्वास्थ्य भी खराब होता चला गया। उन्होंने दिल्ली, अजमेर, मारवाड़, पंजाब, महाराष्ट्र, मुम्बई—सभी स्थानों पर जन-सम्पर्क किया। उन्होंने इस संबंध में संघ के एक शुभचिंतक को लिखा–

"राष्ट्रीय स्वयंसेवक संघ का कार्य हमने किसी एक नगर या प्रांत के लिए आरंभ नहीं किया है। अपना अखिल हिंदुस्तान देश यथाशीघ्र सुसंगठित कर संपूर्ण हिन्दू समाज को स्वसंरक्षण सक्षम एवं बलसंपन्न करने के उद्देश्य से इसे प्रारंभ किया गया है। एकाध नगर में पांच-दस

बच्चों के एकत्र होकर खेलने मात्र से यह काम होने वाला नहीं है। इसके लिए आप जैसे ख्याति प्राप्त समाज के प्रमुख लोगों द्वारा कार्यक्षेत्र में पदार्पण करके कार्यवृद्धि की ज़ोरदार लहर निर्माण करने की आवश्यकता है।

संघ की उन्नति की बात सुनकर डॉ. हेडगेवार कहते थे कि अभी तो मात्र बच्चों का खेल आरंभ हुआ है।

डॉ. हेडगेवार संघ को आगे बढ़ाने के लिए सतत संघर्ष में लगे रहे। उनके साथ ही संघ का अंतिम कार्यकर्ता भी कंधे-से-कंधा मिलाकर कार्य कर रहा था।

चौदह वर्षीय संघ–

अब तक संघ की आयु चौदह वर्ष हो चुकी थी। इस अवसर पर आत्मावलोकन करते हुए डॉ. हेडगेवार ने संघ की एक सभा में कहा–

"संघ की आयु चौदह साल की हो चुकी है। इस समय के अंदर हमने जो कुछ भी कार्य किया है, उसे हम अच्छी तरह से जानते हैं। हमारे सामने जो बड़ी-बड़ी बाधाएं हैं, उनका विचार करने पर यह दिखाई देता है कि संपन्न किया गया हमारा कार्य भी उनके परिमाण में अवश्य बड़ा है। प्रारंभ में हम लोग इस निश्चय पर पहुंच चुके थे कि यदि हिंदुस्तान हिन्दुओं का देश है तो उसके उद्धार की पूरी ज़िम्मेदारी हम हिन्दुओं के सिर पर है। घर हमारा है, अतः उसके प्रति अपनी ज़िम्मेदारी को हम किसी भी अवस्था में टाल नहीं सकते। यह आशा व्यर्थ है और अनुचित भी है कि बाहरी लोग, जिन्हें इस देश के विषय में न भक्ति है न प्रेम, हमारी कुछ मदद करेंगे। फिर जब केवल हमें ही अपना उद्धार करना है तब संगठन के सिवा दूसरा कोई चारा ही नहीं रहता।

चौदह साल से हम लोग काम कर रहे हैं। यह अवधि कम नहीं कही जा सकती। हमें यह सोचना चाहिए कि क्या हम अपने उद्देश्य के कहीं आसपास में भी पहुंचे हैं। यह तो ठीक है कि इन चौदह सालों में हमारे कार्य का विस्तार भारतवर्ष के पंजाब, बंगाल, बिहार आदि कई प्रांतों में किया गया है और मध्य प्रांत एवं मुम्बई इलाके के हर एक ज़िले और तहसील में हमारी शाखाएं सुचारु रूप से चल रही हैं। मैं

बार-बार दोहराता हूं कि आप अपने आदर्श को सामने रखते हुए आज की हमारी गति एवं प्रगति का विचार कीजिए। हमने कितनी प्रगति की है? हमारी जितनी प्रगति होनी चाहिए, उसकी तुलना में हम कहां हैं? हम कितने पिछड़े हुए हैं?

आज का समय भीषण और संकटमय है। किंतु मैं कहूँगा, आज की जैसी सर्वथा अनुकूल परिस्थिति इसके पहले कभी नहीं आई थी। बस यही समय है हम लोगों के लिए जी-जान से काम करने का। इससे बढ़कर अनुकूल समय न कभी इसके पूर्व था न कभी भविष्य में आएगा। जो कुछ ठोस काम करना है, इसी समय पूरी शक्ति लगाकर कर लो। फिर कुछ नहीं बनेगा। चौदह साल से आज तक कभी हमारी हार नहीं हुई, कदम कभी पीछे नहीं हटा, फिर भला इस सुअवसर पर हम कैसे पीछे हट सकते हैं। अपने कार्य की पूर्ति अपनी आंखों से देखने का प्रण संघ ने कर लिया है। कई लोग कहते हैं कि कार्य बड़ा कठिन है, उसमें भारी से भारी कठिनाइयां हैं। मैं कहता हूँ, कठिनाइयां भले ही हों, हमें तो पहले से ही पता होना चाहिए कि हमारा मार्ग कंटकाकीर्ण है, वहां गुलाब के फूलों की आशा हमने कब की थी? देश को उसका पूर्व गौरव प्राप्त करा देना न तो कोरी गप्पें हैं और न बाज़ार में मिलने वाली सस्ती चीज। वह एक अत्यंत अनमोल रत्न है जिसे खरीदने के लिए उसकी पूरी-पूरी कीमत देनी पड़ती है, एक पाई भी कम नहीं होती। उसे मोल लेने के लिए सर्वस्व त्याग और परिश्रम तुम्हारे सिवाय और कौन करेगा या कर सकता है? भारत के भाग्य-विधाता तुम्हारे सिवाय और कौन हो सकते हैं? यह तो तुम्हें और केवल तुम्हें ही करना होगा।"

व्यस्तता और बीमारी–

अत्यधिक व्यस्तताओं के चलते डॉ. हेडगेवार का रक्तचाप बहुत अधिक बढ़ गया था। लेकिन फिर भी वे संघ की बैठकों में शामिल होते रहे। आखिर जब शरीर जवाब देने लगा तो उन्होंने बिस्तर पकड़ लिया।

गोलवलकर गुरुजी शुरू से ही डॉ. हेडगेवार के प्रिय शिष्य रहे थे। उनकी बीमारी में भी गुरुजी तन्मयता से उनकी सेवा में लगे थे।

डॉ. हेडगेवार गुरुजी के कार्यों से भली-भांति परिचित थे और वे उन्हें संघ का भावी सरसंघचालक मानने लगे थे। गुरुजी के रूप में उन्हें नई ऊर्जा प्राप्त हुई थी।

श्री बालासाहब देवरस के अनुसार—

"वर्ष 1938 से डॉक्टर हेडगेवार संघ के कार्य के बारे में कुछ चिंतित दिखाई देने लगे थे। एक तो वे स्वस्थ नहीं थे जिसके कारण वे इच्छित भ्रमण नहीं कर पाते थे, दूसरे संघ का अपेक्षित विस्तार उस समय नहीं हो पाया था। गुरुजी के साथ संपर्क बढ़ने पर वे प्रसन्न हुए और हम लोगों से कहने लगे कि मुझे अंग्रेजी एवं हिन्दी—दोनों भाषाओं में धाराप्रवाह विचार रख सकने की क्षमता वाला ऐसा पुरुष मिल गया है। हम लोगों ने जब गुरुजी का प्रथम अंग्रेजी भाषण सुना, तब उनका अंग्रेजी भाषा पर असाधारण प्रभुत्व देखकर हम स्तंभित रह गए। हेडगेवार जी के व्यक्तित्व में ऐसा कुछ अवश्य था कि एक बार मिलने के लिए आया हुआ व्यक्ति बार-बार उनके सम्पर्क में आने की इच्छा करने लगता। गुरुजी के साथ भी वही हुआ। वे भी डॉक्टर जी की ओर धीरे-धीरे आकृष्ट होते चले गए।"

डॉ. साहब की श्रद्धा गुरुजी में बढ़ती जा रही थी। गुरुजी भी पूर्ण निष्ठा के साथ संघ के कार्यों में भागीदारी कर रहे थे। संघ के शिक्षा वर्ग में भी प्रमुख की भूमिका निभा रहे थे।

कोलकाता में संघ की शाखा नहीं थी अतः वहां पर शाखा खोलने एवं संघ का प्रचार-प्रसार करने का कार्य गुरुजी को सौंपा गया। गुरुजी ने डॉ. साहब की आज्ञानुसार कोलकाता जाकर 1939 में संघ की शाखा खोली और प्रचार-प्रसार का कार्य प्रारम्भ किया। पूर्ण लगन से उन्होंने वहां भी संघ का अच्छा प्रचार किया। लेकिन वे वहां ज्यादा नहीं रुक सके और पुनः नागपुर लौट आए।

नागपुर में शिक्षा वर्ग में गुरुजी के साथ डॉ. हेडगेवार भी थे। गुरुजी ने शिक्षा वर्ग में अपनी अमिट छाप छोड़ी। उनके विचारों को सुनकर हेडगेवार ने अपने एक सहयोगी से कहा कि यदि गुरुजी को सरसंघचालक बनाया जाए तो कैसा रहेगा? यह सुनकर सहयोगी भी प्रसन्न हो उठे और बोले-बहुत अच्छा रहेगा। इस प्रकार डॉ. साहब ने उन्हें एक तरह से नया सरसंघचालक नियुक्त कर दिया था। लेकिन यह बात अभी सार्वजनिक नहीं की गई थी।

नागपुर के शिक्षा वर्ग में डॉ. साहब का स्वास्थ्य खराब होने के कारण वे लगभग पन्द्रह दिनों से वहां नहीं जा सके थे। इस बात का उन्हें बहुत कष्ट था। किंतु उनसे इस प्रकार रहा नहीं गया, तब उनकी इच्छा पर स्वयंसेवक उन्हें शिक्षा वर्ग में लाए। शिक्षा वर्ग में आकर उन्हें प्रसन्नता हुई।

वहां 9 जून, 1940 को हेडगेवार जी ने जो भाषण दिया वह इस प्रकार था–

"आज आपके सामने मैं हिन्दू राष्ट्र की एक छोटी-सी प्रतिमा देख रहा हूँ। मैं यहां कुछ अधिक बोल नहीं पाऊंगा। मेरा आपसे इतना ही कहना है कि हममें से प्रत्येक स्वयंसेवक संघ कार्य को ही अपने जीवन का प्रमुख कार्य समझे और इसी मार्ग पर चलते-चलते अपने हिन्दू समाज को इतना शक्तिशाली बनाए कि दुनिया की कोई शक्ति हिन्दू समाज की ओर तिरछी नजरों से देखने का साहस न जुटा पाए। संघ कार्य ही मेरे जीवन का महत्ती कार्य है। इस मंत्र को अपने हृदय में अंकित कर सारे कार्यकर्ता अपने-अपने स्थान पर लौटें। इस विश्वास के साथ मैं आपको विदा कर रहा हूं।"

चालीस दिन तक लगे इस शिक्षा वर्ग की समाप्ति पर डॉ. साहब का यह भाषण एक तरह से उनका अन्तिम भाषण साबित हुआ। शिक्षा वर्ग की समाप्ति पर सभी कार्यकर्ता सभी से अश्रुपूर्ण किन्तु उत्साह से विदाई लेकर अपने-अपने स्थान पर लौट गए।

उत्तराधिकार–

डॉ. हेडगेवार का स्वास्थ्य दिन-प्रतिदिन बिगड़ता जा रहा था। उन्हें मेयो अस्पताल में भर्ती किया गया। डॉक्टरों के एक दल ने उनका परीक्षण किया लेकिन फिर भी उन्हें स्वास्थ्य लाभ नहीं मिल पा रहा था। 18 जून के दिन उन्हें बाबासाहब घटाटे के यहां लाया गया। डॉक्टर हेडगेवार की देखभाल की यहां पूर्ण व्यवस्था की गई थी। लोग उनसे मिलकर उन्हें परेशान न करें इसका विशेष ध्यान रखा गया था लेकिन डॉ. साहब की इच्छा थी कि जो भी उनसे मिलने आए, उसे मिलने दिया जाए।

20 जून के दिन हेडगेवार का पुनः स्वास्थ्य परीक्षण हुआ। लेकिन स्वास्थ्य ठीक होने का नाम नहीं ले रहा था। उनकी रीढ़ की हड्डी में

पानी था। डॉक्टरों ने उसे निकालने का निर्णय लिया। उससे पहले हेडगेवार ने गुरुजी को अपने पास बुलवाया और कहा—"देखिए अब तो डॉ. लम्बर पंक्चर (कमर से सम्बंधित) करने को कह रहे हैं। यह स्थिति आ गई है अगर मैं इससे बचा तो ठीक है नहीं तो आगे से संघ का कार्य आप को ही सम्भालना है।"

गुरुजी यह सुनकर दु:खी हो गए और बोले—"डॉक्टर साहब! आप यह क्या कह रहे हैं? ऐसा कुछ न कहें; आप ठीक हो जाएंगे।"

हेडगेवार हंसते हुए बोले—"वह सब ठीक है लेकिन अभी मैंने जो कहा उसे ध्यान में रखें।"

तत्पश्चात् शाम के समय डॉक्टरों ने हेडगेवार की रीढ़ की हड्डी से पानी निकाला जो उनके लिए घोर पीड़ादायक था। सभी को लगा कि अब हेडगेवार का अन्तिम समय निकट है। लोगों को सूचनाएं प्रेषित कर दी गईं। सभी धीरे-धीरे आने लगे।

अंततोगत्वा 21 जून को प्रात: 9.27 पर डॉ. बलिराम हेडगेवार जी की आत्मा परमात्मा में विलीन हो गई।

इस प्रकार राष्ट्रीय स्वयंसेवक संघ के संस्थापक डॉक्टर बलिराम हेडगेवार 21 जून 1940 को स्वर्ग सिधार गए, वे जो जीवनभर हिंदू समाज के पुनरुत्थान के लिए समर्पित रहे। सभी कार्यकर्ताओं ने भरे मन से उन्हें अन्तिम विदाई देकर मंत्रोच्चारण के साथ उनके पार्थिव शरीर अग्नि को समर्पित किया।

डॉ. हेडगेवार जी का समाधि-स्थल नागपुर के रेशम बाग में है जो स्वयंसेवकों के लिए तीर्थ स्थान है। स्वयंसेवकों के लिए ही क्या, वह प्रत्येक हिन्दू के लिए तीर्थ स्थान है।

उनकी मृत्यु पर अंग्रेजों ने भी सलामी देते हुए कहा—"कांग्रेस एवं इससे सम्बद्ध स्वयंसेवी संस्थाओं के बाद संघ भारत का सबसे बड़ा एवं कुशल स्वयंसेवी संगठन है। संख्या के आधार पर कांग्रेस के बाद राष्ट्रीय स्वयंसेवक संघ का स्थान है तथा महत्त्व के आधार पर पहला।"

•••

16

प्रेरक संस्मरण

अटूट आस्था–

"हमारे परिचय के नागपुर के विख्यात बैरिस्टर हुए हैं, उनका दबंगपन भी आज तक उतना ही विख्यात है। उनके विरोध में यदि कोई खड़ा होता तो उसका वे अपने भाषण में गालियों से अभिषेक किए बिना न रहते थे। उनकी आवाज़ बड़ी गंभीर थी तथा वे आदमी की परख और पहचान का अच्छा ज्ञान रखते थे। निर्वाचन के दिनों उन बातों का उपयोग सार्वजनिक सभा मंच से अपने प्रत्येक विरोधी को आह्वान दे-देकर उनके नामों का उच्चारण करने में ही किया करते थे।

एक बार दूसरे नेताजी, जोकि हेडगेवार जी के मित्र थे, उनके विरोध में खड़े हो गए। उसी मैत्री के कारण बैरिस्टर महोदय के मन में इस धारणा ने घर कर लिया कि हो न हो प्रतिपक्षी को हेडगेवार जी और उनके संघ का आश्रय प्राप्त है, अन्यथा वह यह दुःसाहस कैसे कर सकता था। इसलिए इस संघ को ही मारना चाहिए। उन्होंने यह निश्चय किया। परंतु सार्वजनिक सभा में खड़े होकर वे इतना ही कह पाए कि जिस व्यक्ति के सहारे मेरा प्रतिपक्षी खड़ा हुआ है, उस डॉ. हेडगेवार की निंदा के लिए मेरे पास एक भी शब्द नहीं।

यही नहीं, एक बार डॉक्टर हेडगेवार के किसी मित्र को 500 रु. की आवश्यकता हुई। अपनी आवश्यकता को तुरंत पूर्ण कराने की दृष्टि से वह डॉक्टर हेडगेवार के घर पर आया। रात्रि के 11 बजे थे, और कोई प्रबंध हेडगेवार जी को नहीं सूझा तो वे तुरंत ही उन बैरिस्टर महोदय के घर आए और अपनी आवश्यकता प्रकट की। सुनते ही उन्होंने 500 रु. लाकर उनके हाथ में रख दिए। हेडगेवार जी ने कहा—"काग़ज़ कलम ले आइए, ताकि मैं रसीद लिख दूं।"

इतना सुनते ही वे बोल उठे—"डॉक्टर जी! मेरे होशहवास कायम हैं। मेरा दिमाग अभी तक ठिकाने है। डॉ. हेडगेवार से रसीद लिखवाना सौजन्यता का अपमान करना है।"

यही परमश्रेष्ठ चरित्र हमारा आदर्श है कि जिसने विरोधी के हृदय में इतना श्रद्धा और विश्वास निर्माण किया था।"

– गुरु गोलवलकर

निरहंकारिता–

"उनके जीवन की अंतिम बीमारी के पहले उनके शरीर में तीव्र पीड़ा रहती थी। बहुत-से उपचार किए, किंतु कोई लाभ नहीं हुआ। उन्हें बताया गया कि उपचार और आराम के लिए राजगीर (बिहार) चले जाएं। सभी के आग्रह के कारण वे राजगीर चले तो गए, परंतु वहां पहुंचकर आराम तो दूर रहा, अपनी बीमारी और आराम के समय शाखाओं का कार्य आरंभ कर दिया।

पूना वर्ग से आते समय एक प्रतिष्ठित व्यक्ति को भी साथ लेते आए। पूना से जब नागपुर लौट कर आए, तो मैं सब स्वयंसेवकों की ओर से उनका स्वागत करने के लिए स्टेशन पर गया। थोड़ी देर में गाड़ी आई। डॉक्टर जी डिब्बे के दरवाजे पर ही खड़े थे। गाड़ी रुकते ही साथ लायी हुई श्रद्धासिक्त पुष्पमाला उनको अर्पण करने के लिए ज्यों ही हाथ बढ़ाया, त्यों ही ऐसी वक्र-उग्र दृष्टि से उन्होंने मेरी ओर देखा कि मेरा हाथ जहां का तहां रह गया। माला पहनाने का साहस मुझे नहीं हुआ।

"मैं तो घर आता हूं, मेरा स्वागत करने की कोई आवश्यकता नहीं"—यह कहकर उन्होंने पास खड़े हुए अतिथि को माला पहनाने का संकेत करते हुए कहा कि 'यह हैं हमारे अतिथि, स्वागत तो इनका करना चाहिए।'

मैंने माला उनके गले में डाल दी। फोटो खिंचवाने के लिए भी निरहंकार वृत्ति के कारण ही उन्होंने वह शक्ति प्राप्त की कि जिससे इतना विशाल कार्य वे संपादित कर सके।"

– गुरु गोलवलकर

मूलगामी उपाय–

"सामाजिक सेवा के भिन्न-भिन्न मार्ग हैं। कोई शिक्षा प्रसार, कोई रोगियों की सेवा तथा कोई निसर्ग प्रकोप के समय उत्पीड़ित लोगों की

सहायता करता है। ये सारे कार्य अभिनंदनीय हैं। परंतु संघ ने इन कार्यों को अपना लक्ष्य क्यों नहीं बनाया? समाज-संगठन को ही अपना उद्देश्य क्यों माना?

अपने डॉक्टर जी के जीवन के एक प्रसंग से यह बात विशेषत: स्पष्ट होती है। एक बार वे मुम्बई गए थे। वहां के एक अनाथालय के प्रमुख ने उन्हें संस्था देखने के लिए बुलाया। डॉक्टर जी वहां गए। कार्य निरीक्षण करने के बाद संस्था के कार्यकर्ताओं ने समस्या को हल करने के विषय में उनका अभिप्राय पूछा।

डॉक्टर जी ने कहा—"भाई! अनाथालय खोलने की अपेक्षा अपने समाज में कोई अनाथ ही न बन पाए, ऐसा प्रयत्न करना कितना अधिक अच्छा होगा? समाज की स्थिति हम ऐसी बनाएं कि कोई अनाथ अनुभव ही न करे। किसी के ऊपर कुछ आपत्ति आए, तो उसका पड़ोसी स्वाभाविक रीति से उसकी देखभाल के लिए आगे आए। ऐसा स्नेह, इतनी आत्मीयता तथा सहानुभूति की भावना समाज में निर्माण करने का प्रयत्न हम क्यों न करें? जब शरीर का रक्त दूषित हो जाता है, तब अनेक प्रकार के फोड़े हो जाते हैं। यदि एक-एक फोड़े की मरहम-पट्टी करते गए, तो एक ठीक होने लगेगा कि दूसरे नए पैदा होते जाएंगे। इस प्रकार उनका इलाज कहां तक संभव होगा। यदि फोड़ों का अशुद्ध रक्त है, तो ऊपरी उपचार से काम नहीं बनेगा, वरन् उस स्थिति में अशुद्ध रक्त शुद्ध करना ही रोग दूर करने का मूलगामी उपाय है।"

इस प्रकार अपने डॉक्टर जी समस्या के मूल कारण का विचार करने वाले थे। उन्होंने अपने समाज के मौलिक दोषों का पता लगाकर, उन्हें दूर करने का संकल्प किया।"

- गुरु गोलवलकर

आक्षेपों का यथार्थ उत्तर–

"एक बार संघ के विरोध में अकोला (विदर्भ) के एक अखबार ने बड़ी लेखमाला प्रकाशित की। उसे पढ़कर वहां के संघचालक श्री गोपालराव चितले को बड़ा क्रोध आया। उन्होंने सोचा कि इसका यथोचित उत्तर देना चाहिए। उस अखबार में छपी लेखमाला की प्रतियां लेकर वे नागपुर आए। भावना के आवेश में उन्हें ज्वर चढ़ गया। अपने डॉक्टर जी ने जब आने का कारण पूछा तो उन्होंने दु:ख से समस्त

प्रतियां उनके सामने रख दीं और पूछा कि 'क्या आपने यह लेखमाला पढ़ी है?'

डॉक्टर जी ने कहा—"इसका एक-एक अक्षर अच्छी प्रकार पढ़ा है। इसका उत्तर क्या देना है! इन्हें पढ़ने पर तो हमारे कार्यकर्ताओं की बैठक में अत्यधिक आनंद आता है। लेखमाला ऐसी ही चलती रहे तो बैठक में आगे भी बड़ा आनंद आता रहेगा।"

गोपालराव चितले विस्मय में पड़ गए। डॉक्टर जी ने उन्हें समझाया—"हम किसी को जवाब नहीं देते। इसके बारे में चिंता करने की आज आवश्यकता नहीं है। जब आवश्यकता होगी, तब जरूर जवाब देंगे। कोई चाहे जैसे प्रस्ताव पारित करे, ऊटपटांग बातें करे या लिखे, आज हम उनका उत्तर नहीं देंगे। प्रत्येक विवाद के प्रत्युत्तर में हम भी विवाद खड़ा करें, यह ठीक नहीं है।"

अपने कार्य का विचार और कार्यपद्धति के बारे में पूर्ण विश्वास लेकर चलना चाहिए। इसी में संस्कार दे-देकर प्रत्येक मनुष्य को श्रेष्ठ बनाएंगे। बढ़ा हुआ अपना प्रभावी कार्य ही सभी आक्षेपों का यथार्थ उत्तर है।"

- गुरु गोलवलकर

पैसा नहीं, मनुष्य चाहिए–

"हमें तन, मन, धनपूर्वक संघ का काम करना है। यह विचार स्वयंसेवकों के लिए ठीक प्रकार से समझना लाभदायक होगा। बहुत लोग ऐसे मिलते हैं, जो कहते हैं कि प्रतिवर्ष हमारे पास से धन ले जाओ। हर रोज शाखा में आने के लिए हमारे पीछे मत पड़ो।

डॉ. हेडगेवार के जीवन का एक प्रसंग है। पंडित मदनमोहन मालवीय, जोकि 'रॉयल बैगर' (शाही फकीर) के नाते प्रसिद्ध थे, डॉक्टर जी से मुलाकात होने पर उन्होंने संघ कार्य के बारे में विस्तृत जानकारी प्राप्त की। कार्य का महत्त्व, उसे करने की अपरिहार्य आवश्यकता उनके ध्यान में आई। इतने महत्त्वपूर्ण कार्य के लिए आवश्यक धन संघ के पास नहीं है। यह वे समझ गए। उन्होंने कहा—"आपको जितना रुपया चाहिए, उतना मैं लाकर दे सकता हूं।"

यह सुनकर हेडगेवार जी ने उत्तर दिया—"हमें रुपया-पैसा कुछ नहीं चाहिए। हमें तो आपका आशीर्वाद चाहिए।"

यह बातचीत बहुतों को मालूम ही है। आज हम पैसों का क्या करेंगे। हमें आदमी चाहिए, उनका सद्भाव चाहिए। बाकी सब अपने आप आ जाएगा।

कभी-कभी स्वयंसेवकों के मन में आता है कि वे संघ को कुछ दान करें। परंतु दान करने वाला वह कौन? एक बार स्वयंसेवक हो जाने के बाद वह स्वयं संघ का बन जाता है। फिर दान करने के लिए उसके पास अलग बचता ही क्या है?"

- गुरु गोलवलकर

साधनों के अधिक महत्त्व से संगठन को हानि–

"एक समय महात्मा गांधी जी के आंदोलन के संबंध में डॉक्टर जी से वार्तालाप हो रहा था। उस समय उनके द्वारा किया गया गांधी-प्रणीत राजनीति का विवेचन बड़ा मार्मिक था, उन्होंने कहा—"गांधी-प्रणीत मार्ग से साधनों को ही अत्यधिक महत्त्व दिया जा रहा है। साध्य पर दृष्टि रखकर उनकी सफलता के लिए आवश्यक एवं उपयुक्त साधन उपयोग में लाने जाने चाहिए। किंतु साध्य की अपेक्षा साधन को ही अधिक महत्त्व देने से सच्चे देशभक्त तो आंदोलन से दूर चले जाते हैं तथा बगुले भगत ही अधिक एकत्रित होते हैं। जैसे अहिंसा तथा खादी को इतना महत्त्व दिया जा रहा है कि एक बार स्वातंत्र्य-प्राप्ति नहीं हुई तो कोई आपत्ति नहीं है, पर अहिंसात्मक मार्ग से हमें विचलित नहीं होना चाहिए या खादी पहननी ही चाहिए। इन सारी बातों से जिनके अंतःकरण में वास्तव में राष्ट्र प्रेम की प्रखर ज्योति प्रज्वलित है और उसके लिए भिन्न-भिन्न मार्गों का अवलंबन करने की जिनकी इच्छा है, ऐसे क्रांतिकारी कांग्रेस से दूर जा रहे हैं और खादी पहनकर स्वार्थी लोग देशभक्ति का स्वांग रचते हैं। इससे अंत में संगठन की हानि होगी। साधनों पर इतना अधिक आग्रह किया तो साध्य पर की दृष्टि अवश्य विचलित होगी जिसके परिणामस्वरूप संगठन में स्वार्थी लोगों की भरमार हो जाएगी।"

- बाबा साहब आप्टे

दूसरों की इच्छा का भी आदर–

"सन् 1929-30 की बात है। कुछ कार्यकर्ताओं के अंतःकरण में यह इच्छा जगी कि कांग्रेस में जैसे गांधी टोपी प्रयुक्त होती है, वैसे ही संघ में

खाकी टोपी का प्रयोग होना चाहिए। यह विचार उन्होंने डॉक्टर साहब के समक्ष रखा। उस समय काली टोपी का प्रचलन था और संघ के स्वयंसेवक भी काली ऊनी टोपी पहनते थे।

स्वयंसेवकों के लिए खाकी टोपियां बनवाने की बात डॉक्टर जी को पसंद नहीं आई। उन्होंने समझाया—"सर्वसाधारण समाज से कुछ भिन्न रंग की अपनी टोपी नहीं होनी चाहिए।" यह सुनकर कार्यकर्तागण कुछ निरुत्साहित से हुए। तब केवल इसलिए कि उनका उत्साह भंग न हो, डॉक्टर जी ने इस बात की अनुमति प्रदान करते हुए कहा—"आप टोपियां तो बनवा लीजिए, परंतु इसे कोई पहनेगा नहीं; यह मुझे विश्वास है। खाकी नेकर व कमीज का हम व्यवहारत: उपयोग कर सकते हैं। अतएव स्वयंसेवकों के लिए बनवाना व पहनना भी सरल है किंतु खाकी टोपी का कोई सामान्यत: प्रचलन नहीं अत: उसे बनवाने में कठिनाई होगी और फिर संघ की ओर से सिलवाने पर प्रचुर व्यय भी होगा।"

परंतु कार्यकर्ता निराश न हों, इसलिए वस्तु-भंडार में ये टोपियां बनवाकर रखी गईं। डॉक्टर जी का अनुमान सच निकला, वे बिकी नहीं और प्राय: उन्हें कोई पहनता भी नहीं था। लेकिन फिर भी इस बात का उल्लेख कर उन्होंने कार्यकर्ताओं को लज्जित नहीं किया।"

- बाबा साहब आप्टे

दूसरों का मन जीतने के लिए-

"आजकल तथाकथित नेताओं ने दिखाई देने वाला अहंकार डॉक्टर जी में नाम-मात्र भी नहीं था। एक बार सन् 1932 में संघ-शाखा की स्थापना करने गए, वहां के प्रसिद्ध वकील स्व. दादासाहब करंदीकर के यहां ठहरे थे। करंदीकर जी लखपति थे। परंतु सभी काम अपने हाथ से करना पसंद करते थे। स्नान करने के पश्चात् वे अपनी धोती स्वयं ही धोते थे।

डॉक्टर जी की दृष्टि में यह बात छूट न सकी। अपनी सूक्ष्म दृष्टि से यह बात डॉक्टर जी ने देख ली।

दादासाहब के बाद एक अन्य सज्जन ने स्नान किया और गीली धोती पैरों से वहीं ठेल कर पड़ी रहने दी। तब दादासाहब के मुख पर उठी क्रोध की सूक्ष्म रेखाएं भी डॉक्टर जी ने देख लीं। डॉक्टर जी ने बाद में स्नान किया। उन्होंने अपनी धोती स्वयं धोकर सूखने के लिए

डाली। यह देखकर करंदीकर जी डॉक्टर जी पर बहुत प्रसन्न हुए। संगठन-कार्य के लिए जिन्हें दूसरों का मन जीतना था और जो इसी के लिए बाहर निकल पड़े थे—वे डॉक्टर जी इतनी सूक्ष्म दृष्टि रखकर व्यवहार करते थे।"

- बाबा साहब आप्टे

भंग नहीं घोटूंगा–

"बचपन की ही और एक घटना है। इनके बड़े भाई महादेव राव ने इनसे भंग घोटने के लिए कहा। पुरोहित का घराना था। घर में कुछ कार्य होने से अन्य पुरोहित भी पहुंचने वाले थे। उन दिनों इस प्रकार भंग पिलाना पुरोहितों में मामूली बात थी।

इन्होंने स्पष्ट शब्दों में कहा—"मैं भंग कभी न घोटूंगा।"

बड़े भाई ने काफी डांट-डपट की, लेकिन वे अपनी बात पर अड़े रहे। अंत में बड़े भाई ने क्रोध से मारा-पीटा भी। जब नहीं माने तो इनकी पुस्तकें एवं पेटी घर के पीछे एक नाले में फेंक दीं और इन्हें घर से निकाल बाहर किया। वे अपने तामसी स्वभाव के लिए प्रसिद्ध ही थे। फिर भी जब वे टस से मस नहीं हुए, तो जलती हुई लकड़ी से भी मारा। परंतु अंत तक हेडगेवार अपनी ही बात पर डटे रहे।"

- आबा जी हेडगेवार (डॉ. हेडगेवार के चाचा)

सुरंग खोदी–

"डॉक्टर जी जब बाल अवस्था के थे, तभी से छत्रपति शिवाजी के चरित्र से उन्हें देशभक्ति की स्फूर्ति प्राप्त होती थी। भारत पर परकियों का राज्य है; यह बात उनकी बाल-बुद्धि को अत्यंत त्रस्त करती थी।

ये अपने समान आयु के मित्रों को एकत्र कर विदेशी राज्य को उखाड़ फेंकने के उपाय सोचने लगे। डॉक्टर जी अपने बाल्यकाल में भी अपने समवयस्क मित्रों में अग्रणी थे। किसी-न-किसी नई कल्पना का सृजन उनके मस्तिष्क में हुआ करता था। एक बार उन्होंने सोचा कि 'सीता-बर्डी' के इतिहास-प्रसिद्ध दुर्ग पर अभी अंग्रेजों का यूनियन जैक बड़ी शान से फहर रहा है। यह किला अगर किसी प्रकार हस्तगत हो जाए तो फिर स्वतंत्रता प्राप्त होने में क्या देर लगेगी? छत्रपति ने भी तो

16 वर्ष की आयु में तोरण का गढ़ प्राप्त कर स्वराज्य का श्रीगणेश किया था। हम बर्डी के दुर्ग से श्रीगणेश करेंगे।

लेकिन किला कैसे जीता जाए? 10–15 साथियों द्वारा हमला करके तो यह काम पूरा नहीं हो सकता। कोई भूमिगत गुहा बनाई जाए तो अंदर पहुंचकर किले के गोला बारूद को उड़ाया जा सकेगा। ऐसा विचार करके उन्होंने अपने अध्यापक के घर से सीता–बर्डी तक सुरंग खोदना प्रारंभ किया।

जिस आयु में अन्यान्य बालक खेलने–कूदने में मस्त रहते हैं, उसी आयु में अंग्रेजों को निकाल बाहर करने का यह उद्देश्य पूर्ण होने से पूर्व ही 'सेनापति' अपने छोटे–से गुरिल्ला दल के साथ घर वालों द्वारा बंदी बना लिया गया और घर खोदने के लिए उसे डांट खानी पड़ी।"

– आबा जी हेडगेवार

मित्र, नेता व मां भी–

"परम पूजनीय डॉक्टर साहब का स्वास्थ्य दिन–ब–दिन गिरता जा रहा है, यह जानकर कतिपय मित्रों ने विशेषकर 'महाराष्ट्र' दैनिक के तत्कालीन संपादक श्रीमान गोपालराव ओगले ने उनसे राजगिरि जाकर विश्राम करने का आग्रह किया। डॉक्टर जी ने टालने की बहुत कोशिश की। आखिर में इस शर्त पर मान गए कि मैं भी उनके साथ चलूं।

31 जनवरी, 1940 को मैं व हेडगेवार जी नागपुर से निकले और 6 फरवरी की शाम को राजगिरि पहुंचे। संघ–कार्य के प्रति डॉक्टर जी के मन में वहां भी अहोरात्र चिंता व चिंतन चल रहा–सा मालूम पड़ता था। बोलते तो उसी धुन में, चलते तो उसी धुन में। कुछ दिन तो ठीक से गुजरे। वहां की जलवायु मेरे स्वास्थ्य के लिए शायद अनुकूल सिद्ध नहीं हुई और मैं वहां 'आंव' से बीमार हो गया। काफी दस्त हुआ करते थे। सोचा तो था कि डॉक्टर साहब से बांग्ला भाषा आदि सीखूंगा, किंतु स्वास्थ्य गिरता ही गया और मैं बहुत दुबला हो गया। कुछ होश कुछ बेहोश ऐसी अवस्था में शय्या पर पड़ा रहता।

एक रात मुझे ऐसा लगा कि मेरी चारपाई के पास बगल में नीचे फर्श पर कोई बैठा धीरे–धीरे रो रहा है। मैंने सोचा, शायद बेहोशी की अवस्था में मुझे कोई आभास है या सपना आ रहा है। लेकिन यह

सिलसिला काफी देर तक चलता रहा। मैंने बड़े कष्ट से करवट बदलकर देखा तो डॉक्टर साहब स्वयं रो रहे थे। रात धीमी रोशनी वाला दिया जल रहा था। सभी ओर बिल्कुल शांत वायुमंडल था, ऐसे में उनके रोने की ध्वनि व शरीर का हिलना मुझे स्पष्ट अनुभव हुआ। उठने की शक्ति तो मुझमें थी नहीं लेकिन डॉक्टर साहब को रोते देख मुझे क्या हुआ पता नहीं, मैंने जोर से कहा–"डॉक्टर साहब! आप रो रहे हैं!" मैं जाग गया हूं, ऐसा जानकर वे मेरे अधिक पास आए और मेरे माथे पर हाथ रखकर फूट-फूटकर रोने लगे। डॉक्टर साहब का शरीर बहुत भव्य था। उनका व्यक्तित्व भी बिल्कुल अनोखा था। ऐसे भीमकाय आदमी का रात के शांत वायुमंडल में एक बालक जैसा रोना। मेरी मनोदशा क्या हो गई होगी, कहना कठिन है। मुझे कुछ लज्जा-सी आई। मैंने कहा–"डॉक्टर साहब! क्या कारण है, आप क्यों रो रहे हैं?" वे कुछ शांत होकर बोले–"अप्पा जी! आपको इस अवस्था में देख मुझे चिंता हो रही है कि कहीं आपको कुछ हो गया तो मैं क्या करूंगा?" इतना कहकर वे फिर रोने लगे।

मुझे मेरी मां (नानी) की याद आई। मैं छुटपन में बहुत बीमार हो गया था; तब मैं विद्या, प्रतिष्ठा, धन, मित्र आदि सभी दृष्टि से बिल्कुल गरीब था। घर में मेरी विधवा मां व इकलौता छोटा भाई थे। कोई रिश्तेदार हमारी ओर देखने तक को तैयार नहीं था। डॉक्टरी इलाज तो कोसों दूर थे। ऐसी अवस्था में एक रात जब मैं एकदम बेहोश हो गया था, नानी—मेरी मां इसी प्रकार फूट-फूटकर रोई थीं। मुझे उस समय बिल्कुल वही बात याद आई। मैंने डॉक्टर जी को उस समय मां के रूप में अनुभव किया। मित्र, नेता आदि रूपों में तो मैंने उन्हें देखा था, मां के रूप में उस समय देखा।

मराठी कहावत है—'जाला वाचून कढ़ नाही व मायेवाचून रड़ नाहीं' अर्थात् अग्नि न हो तो उबाल नहीं आता और सच्चा प्यार न हो तो प्रिय की कठिन अवस्था देखकर भी रोना नहीं आता। डॉक्टर जी की उस बात को याद करूं तो आज भी आंखें भर आती हैं। ऐसे थे वे मेरे सखा, मित्र, नेता, पिता व माता भी।"

- अप्पा जी जोशी

जवाब देना कठिन होगा–

"काशी हिन्दू विश्वविद्यालय की शाखा भी पूज्य डॉ. हेडगेवार जी को प्रिय थी। उसके माध्यम से वे संपूर्ण भारत में संघ-कार्य अल्प समय में पहुंचाने की आकांक्षा रखते थे। अखिल भारतीय स्वरूप का वह सबसे बड़ा विश्वविद्यालय था। अतः वर्ष में लगातार उनके 10-15 दिन का समय काशी को मिलता था। वे महामना के प्रति अत्यधिक श्रद्धा रखते थे और महामना भी डॉक्टर जी के प्रति अत्यधिक स्नेह एवं आदर रखते थे। संघ के कार्यक्रम में दोनों का मिलना, स्वयंसेवकों के लिए एक दर्शनीय, प्रेरक, आंखों में आंसू लाने लायक दृश्य रहता था।

किसी कार्यक्रम में उन्हें बुलाएं और वे काशी रहते हुए न आ सकें, ऐसा नहीं हुआ। एक बार पूर्व व्यस्तता के कारण शिविर उद्‌घाटन पर उन्होंने आने से मना किया था। पी.वी.सी. ने भी मना किया। तीसरे अध्यक्ष बनाए गए।

कार्यक्रम शुरू होने पर सर जे.पी. भी आए और स्वयंसेवकों को 'उपविश' करते-करते महामना भी पधारे। केवल संघ के प्रति प्रेम के कारण। और उन्होंने अपने भाषण में कहा—"संघ के कारण डॉ. हेडगेवार का भारत सदा ऋणी रहेगा। मैं आ नहीं सकूंगा, यह बात मुझे खलती थी। डॉक्टर हेडगेवार को जवाब देना कठिन होगा, अतः मैं चला आया।"

वे महामना थे जोकि उदात्त राजनीति बरतते थे।"

– भैया जी दाणी

चार सौ का फेर–

"डॉक्टर हेडगेवार की धारणा मालवीय जी के प्रति बहुत ऊंची थी। मालवीय जी ने संघ के प्रति प्रेम के कारण संघ को ज़मीन दी। इंजीनियर से कहकर नक्शा बनवाया। बजट आंका और कहा कि 'संघ को 1000 रु. देने होंगे। अधिक लगेंगे तो मैं देख लूंगा। पैवेलियन बनने में कोई 1400 रु. खर्च आया। बाक़ी 400 रु. कौन दे?'

हम लोगों में केवल तरुणाई थी। टैगोर ने लिखा है—'विवेक वहां प्रारंभ होता है, जहां तरुणाई समाप्त होती है।' बिना धन दिए बना बनाया भवन हाथ नहीं आ रहा था।

पूज्य डॉक्टर जी काशी आए थे। 2-3 वर्ष से दक्षिणा अच्छी होने

लगी थी और उस वर्ष हो चुकी थी। उस समय के काशी हिन्दू विश्वविद्यालय के उपसंघचालक के कहने पर 4-6 लोगों ने भवन संबंधी चर्चा छेड़ी। दो बुजुर्ग पूरा धन दिलाने के पक्ष में थे। दो तरुण कड़े विरोध में। थोड़ी गरम बहस के अंत में डॉक्टर हेडगेवार ने बीच-बचाव किया। उन्होंने कहा—"धवल-कीर्ति महामना मालवीय जी जैसे का आशीर्वाद, सहयोग और प्रोत्साहन बड़े भाग्य से उपलब्ध होते हैं। हम अनमोल निधि को क्या 400 रु. में आकेंगे?"

तर्क के लिए स्थान नहीं था, परंतु तरुणाई की अकड़ सहसा पराभव स्वीकार नहीं करती। तरुणों ने आखिरी हथियार निकालकर देखा।

डॉक्टर जी की हिमालय सदृश महत्ता को पहचानने की योग्यता भी कहां थी? और बाह्य आडंबर से उसे प्रकट करने का उनका स्वभाव नहीं था। बराबरी की वार्ता के स्तर पर उनसे कहा गया—"400 रु. आएंगे कहां से? अभी-अभी दक्षिणा हुई है। हम सब विद्यार्थी हैं, आदि-आदि।" परंतु डॉक्टर जी ने उतने ही शांत भाव से निश्चिंत रहने को कहा।

रात में रुइया छात्रावास में बैठक बुलाई गई। डॉक्टर जी ने विषय निकाला और दोनों तरुणों के आश्चर्यचकित किंतु श्रद्धायुक्त आनंद भरे भाव से देखते-देखते इसी बैठक में 400 रु. से अधिक राशि एकत्र होने की संभावना प्रकट हो गई। इस पर भी एक ऐसा अश्रद्धावान मिल ही गया, जिसने कहा—"यह सब शाब्दिक वचन हैं।" दूसरे दिन प्रातः 8 बजे से पूर्व हिन्दू विश्वविद्यालय के कार्यवाह जी के पास 400 रु. से अधिक राशि एकत्र हो गई और वह 10 बजे तक यथायोग्य स्थान पर जमा भी कर दी गई।"

- भैया जी दाणी

परिवार से पहले देश–

"1915 में केशवराव 'एल. एम. एंड एस.' की डिग्री प्राप्त कर डॉक्टर हुए, परंतु उन्होंने 'डॉक्टरी' कभी नहीं की। डॉक्टर केशवराव 1916 में कोलकाता से नागपुर वापस आ गए। घर की गरीबी पैसा कमाने को मज़बूर कर रही थी। धन कमाने की सुविधा भी थी और अवसर भी, क्योंकि उस समय संपूर्ण मध्य प्रांत में केवल 75 डॉक्टर थे। लेकिन अपनी मातृभूमि की मुक्ति हेतु उन्होंने कंटकाकीर्ण जीवन को ही कठोरतापूर्वक स्वीकार किया।

राष्ट्र के स्वातन्त्र्य के लिए उस समय जो-जो प्रयास हुए उन सबमें डॉक्टर जी ने अपना भरपूर योगदान दिया। सन् 1916 के बाद मध्य प्रांत के क्रांतिकारी दल की योजनाओं और उनके मार्गदर्शन का महत्त्वपूर्ण भार डॉक्टर हेडगेवार पर ही था।

प्रथम महायुद्ध के समय जब अंग्रेज—सैनिक दृष्टि से कमज़ोर हो गए थे और उनकी बहुत-सी सेना बाहर चली गई थी, उस समय राष्ट्र की स्वतंत्रता की दृष्टि से उपयुक्त अवसर देखकर डॉक्टर हेडगेवार जी ने हिन्दुस्तान के सभी प्रमुख नेताओं को यह सुझाव दिया था कि 'हिन्दुस्तान स्वतंत्र हो गया' की घोषणा करके 'स्वतंत्रता का घोषणा पत्र' विभिन्न देशों में प्रचारित कर दिया जाए। परंतु इस प्रस्ताव का समर्थन करने का किसी ने साहस नहीं दिखाया।

उस समय उनके भाषण बहुत उग्र होते थे। गणेशोत्सवों में डॉक्टर जी बहुत ही गरम भाषा का प्रयोग किया करते थे। मध्य प्रांत में भी सक्रिय होम रूल लीग में प्रविष्ट होकर उन्होंने पूरे बरार प्रांत का दौरा किया। धन, शस्त्रास्त्र एवं देशभक्त व्यक्तियों की ठीक व्यवस्था करने की दृष्टि से भी डॉक्टर जी ने योजना बनाई। फिर भी सभाओं और प्रभावी भाषणों का क्रम पूर्ववत जारी रहा।"

– भैया जी दाणी

नाम राष्ट्रीय स्वयंसेवक संघ ही क्यों?ख्र

"नए शुरू होने वाले संगठन का नाम क्या रखा जाए, यह चर्चा जिस समय चली तो मैंने **'महाराष्ट्र स्वयंसेवक संघ'** नाम का प्रस्ताव रखा। उस समय डॉक्टर जी ने कहा—"मान लो, यदि कोई इस संगठन को महाराष्ट्र से बाहर खोलना चाहे तो क्या आप उसे मना करेंगे? मैं तो समझता हूं कि आप लोग जिस विचार से काम करना चाहते हैं, वह विचार सारे भारतवर्ष में फैले, यह आप जरूरी समझते होंगे। फिर संघ का नाम एक प्रांत से ही हम क्यों जोड़ें?"

किसी ने 'जरी पटका संघ' नाम सुझाया, इस पर मुस्कराते हुए डॉक्टर जी ने कहा—"हमें पेशवाई नहीं प्रस्थापित करनी।"

'हिन्दू स्वयंसेवक संघ' के नाम का भी किसी ने विचार रखा, किंतु डॉक्टर जी ने कहा—"आसेतु-हिमांचल इस भारतवर्ष में यह

एकमेव समाज फैला है। यद्यपि पराए, बाहरी आक्रमण का शिकार बने अनेक लोग यत्र-तत्र दिखाई देते हैं, किंतु वे हिन्दू जीवन के ही अवशेष हैं। अवश्य ही उनमें पराए लोगों के संपर्क से और प्रभाव से कुछ कुविचार और कुसंस्कार घुसे हैं और वे आज स्वयं अपने को हिन्दू समाज से अलग समझते हैं। परंतु हमें ऐसा नहीं समझना चाहिए। आज हममें 'यह हमारा नहीं, वह हमारा नहीं'; यह कहने की और समझने की आदत दिखाई देती है, यह अत्यंत घातक है। जब हमारा समाज सबल था, उस समय हम सर्वसंग्रही थे। आज भी हमें वैसा ही होना है। इसलिए हमें अपने इस हिस्से को भी उनके कुसंस्कारों से मुक्त कर शुद्ध संस्कारित बनाकर अपने से समरस कर लेना पड़ेगा। आज की स्थिति में हमें स्वयं को 'हिन्दू' नाम से पुकारने में आक्रांताओं का जो प्रचार चल रहा है और जिससे वे हिन्दू समाज को इस भारतवर्ष में फैले हुए विशिष्ट समाज को ही निर्देशित कर वहां के राष्ट्रजीवन में फूट डालना चाहते हैं, उसे स्वीकार नहीं करना चाहिए। हिंदू तो यहां के राष्ट्रजीवन का ही नाम है, वह यहां की राष्ट्र-परंपरा और संस्कृति को निर्देशित करता है। इसलिए हमें **'राष्ट्रीय स्वयंसेवक संघ'** नाम ही रखना चाहिए और यहां की हिंदू परंपरा एवं संस्कृति के प्रति अटूट श्रद्धा रखने वाले समाज को जाति-पाति, प्रांत और संप्रदाय आदि अनेक विभिन्नताओं से ऊपर उठाकर इस सर्व-व्याप्त हिन्दू जीवन को समृद्ध, सुसंगठित एवं सबल बनाना चाहिए। ध्यान में रखना चाहिए कि यह नाम कोई धर्म विशेष, सम्प्रदाय विशेष का निर्देशक न होते हुए यहां के प्राचीन राष्ट्रीय-जीवन का ही निर्देश करता है।"

यही कारण है कि संघ ने अपना नाम 'राष्ट्रीय स्वयंसेवक संघ' रखते हुए भी अपनी प्रतिज्ञा में हिन्दुस्तान के उत्थान की प्रतिज्ञा की। इस संदर्भ में प्रसिद्ध क्रांतिकारी पूज्य बाबाराव सावरकर जी से उनका जो विवाद हुआ, यह ध्यान में रखने योग्य है।"

- भैया जी दाणी

संन्यासी क्यों नहीं बने?

"उनकी संन्यस्त वृति देखकर मैंने उनसे एक बार विनोद में पूछ लिया—
"डॉक्टर जी! आपका जीवन ठीक संन्यासी जैसा है, फिर आप संन्यास लेकर भगवे वस्त्र क्यों नहीं धारण करते हैं?"

उन्होंने धीरता से मुस्कराकर कहा—"संन्यासी वेशधारी व्यक्ति को लोग असामान्य समझने लगते हैं। उसी दृष्टिकोण से यदि लोग मेरी ओर देखने लग जाएं, तो मेरा यह कार्य सामान्य व्यक्तियों के लिए असंभव हैं, ऐसा भ्रम लोगों में निर्माण होगा। अविवाहित रहकर आज मैं जितना काम करता हूं, उतना काम गृहस्थाश्रमी होकर करना संभव होता, तो वह अधिक अच्छा होता। जनता पर उसका परिणाम अधिक अच्छा होता। कार्यकर्ता भी अपने समान ही सामान्य व्यक्ति हैं, ऐसी समाज की धारणा होनी चाहिए। मैं संन्यासी के समान रहना प्रारंभ करूं तो लोग मुझे साधु-पुरुष मानकर मेरे पैरों पर मस्तक नवाएंगे। परंतु मुझे जो कार्य प्रिय है, उसे बिल्कुल नहीं करेंगे। इसमें मेरा महत्त्व बढ़ भी जाए तो भी देश को इससे क्या लाभ?"

संघ का प्रचारक काफी पढ़ा-लिखा और सर्वसाधारण तरुणों के समान ही जीवनचर्या रखने वाला होना चाहिए। वह समाज से कुछ भिन्न रूप में आगे आए, यह कल्पना ही उन्हें पसंद नहीं थी।

डॉक्टर जी ने प्रत्यक्ष संन्यास लेकर यद्यपि भगवे वस्त्र धारण नहीं किए थे या दंड-कमण्डलु हाथ में नहीं रखा था, तो भी अंतःकरण से वे पूर्णतः संन्यासी ही थे। संन्यास एवं कर्मयोग का इतना उत्कृष्ट समन्वय अन्य किसी के जीवन में कदाचित ही दिखाई देगा।"

– बाला साहब देवरस

जब भगतसिंह को फांसी दी गई–

"कॉलेज में पढ़ते समय हम तरुणों को प्रायः भगतसिंह जैसे देशभक्तों का आदर्श ही आकर्षित किया करता था। भगतसिंह के समान ही हमें भी कुछ-न-कुछ वीरतापूर्ण कार्य करने चाहिएं, ऐसी भावना बहुत बार मन में आई। उन दिनों की प्रचलित राजनीति तथा क्रांति आदि की— युवक हृदय को आकर्षित करने वाली चर्चा संघ में कम होती थी, इसलिए हम युवकों को संघ के प्रति कम आकर्षण रहता था।

भगतसिंह और उनके साथियों को जब फांसी दी गई, उस समय तो हमारे हृदयों में ऐसी उत्तेजना उत्पन्न हुई कि प्रत्यक्ष कुछ-न-कुछ करने की भयंकर योजना बनाकर उसे सफल बनाने के लिए घर से भाग जाने का हम कुछ मित्रों ने निश्चय कर लिया था। किंतु हेडगेवार जी को

बिना सूचित किए भाग जाना अच्छा नहीं होगा, यह सोचकर अपना निश्चय डॉक्टर जी को बताने का हम लोगों ने विचार किया। यह बात डॉक्टर जी के समक्ष रखने का काम मित्रमंडल ने मुझे सौंपा।

हम सब मिलकर डॉक्टर जी के पास गए और बड़ा साहस बटोर करके मैंने अपना मन्तव्य डॉक्टर जी के सम्मुख प्रकट किया। हमारी योजना सुनकर डॉक्टर जी ने हमें यह विचार स्थगित करने और संघ कार्य की महत्ता समझाने के लिए हमारी बैठक ली।

यह बैठक लगातार सात दिन, रात्रि के दस बजे से तीन बजे तक चलती रही। डॉक्टर जी के तेजस्वी विचार और अमूल्य मार्गदर्शन से हमारे विचारों में और जीवनादर्श के संबंध में आमूलाग्र परिवर्तन हुआ। उस दिन से वैसी योजनाएं छोड़कर हमारे जीवन को नई दिशा प्राप्त हुई। और बुद्धि संघ कार्य में स्थिर हुई।

उन्हें समाज में ऐसे लोगों का पूर्ण अभाव स्पष्ट दिखाई देता था, जो अपना जीवन सर्वस्व लगाकर किसी भी कार्य को करते हों। उन्होंने समाज-जीवन की इस अत्यंत शोचनीय अवस्था को बदलने के लिए निष्ठावान कार्यकर्ता निर्माण करने वाली संस्था की नींव डाली। यह उनकी पक्की धारणा थी कि अव्यवस्थित हिंदू समाज को सुसंगठित कर अंग्रेजी राज्य की बेड़ियों को तोड़कर स्वतंत्र होने और उस स्वतंत्रता की रक्षा के लिए सर्वप्रथम राष्ट्रीय गुणयुक्त, सुव्यवस्थित जीवन-शिक्षा देने वाला कार्य होना चाहिए।"

– बाला साहब देवरस

तो क्या आज का संघ खड़ा होता?

"मैं एक प्रांत के शिविर में गया, वहां प्रश्नोत्तर के कार्यक्रम में एक स्वयंसेवक ने प्रश्न पूछा—"संघ के बारे में लोग कहते हैं कि यह पूंजीपतियों की संस्था है, इस बारे में आपका क्या कहना है?"

मैंने उनसे पूछा—"तुम्हारे सामने 200 स्वयंसेवक बैठे हैं। इनमें से कौन पूंजीपति का बेटा है, बताओ तो ज़रा? पूंजीपतियों के बेटों को अपने काम-धाम और ऐशो-आराम से फुर्सत ही कहां है, जो वे संघ में आएं। संघ का स्वरूप क्या है? इसका उत्तर तो मैं नहीं दूंगा। परंतु संघ में गरीब तबके के लोग बहुत बड़ी मात्रा में आने चाहिए, ऐसा अपना प्रयास है और यह होना भी चाहिए।"

मोटे रूप से संघ का स्वरूप निम्न स्तर के मध्यम वर्गीय लोगों का है। स्वाभाविक रूप से इनकी आर्थिक स्थिति कोई बहुत अच्छी नहीं रहती। इसलिए जब गणवेश का प्रश्न सामने आया तो हमने डॉक्टर साहब से कहा—"हम सब गरीब लोग हैं, अपने खर्चे से गणवेश कैसे बना पाएंगे?" इस पर हेडगेवार जी ने उत्तर दिया था कि जैसा स्वयंसेवक हम निर्माण करना चाहते हैं, वैसा यदि निर्माण करना है तो उसे अपनी जेब से खर्च करके ही गणवेश बनाना पड़ेगा। हम लोग अनुभव करते थे कि डॉ. साहब हमारी तुलना में बहुत निर्धन हैं। आपकी कल्पना में जो सबसे गरीब स्वयंसेवक होगा, शायद उससे भी गरीब थे डॉक्टर साहब। इस प्रकार यह संघ का संस्थापक अत्यंत निर्धन होते हुए भी यह आग्रह करता था कि प्रत्येक स्वयंसेवक को अपनी जेब से ही खर्च करके गणवेश बनाना चाहिए।

गांव से चंदा इकट्ठा करके गणवेश बनाना कठिन तो नहीं था। हिन्दुस्तान के अन्य संगठन वही करते थे, तो संघ के लिए भी यह असंभव नहीं था।

मैं अपना उदाहरण बताता हूं। 1939 में मैं कोलकाता में प्रचारक बनकर गया, उस समय वहां संघ की छोटी शाखा थी। ध्वज नहीं लगता था; प्रार्थना भी नहीं होती थी। हम जिस कार्यालय में रहते थे, वहां 4-5 सीलबंद पेटियां पड़ी थीं। मैंने उत्सुकतावश पूछा—"भाई! इन पेटियों में क्या है?"

मुझे उत्तर मिला—"इनमें लॉग बूट्स हैं।" मैंने कहा—"यहां न प्रार्थना होती है, न ध्वज लगता है; फिर लॉग बूट्स किसलिए हैं?" तो लोगों ने बताया कि यहां एक संघ-प्रेमी सज्जन हैं। उन्हें जब मालूम हुआ कि यहां संघ प्रारंभ हो गया है, प्रचारक भी आ गया है तो उन्होंने चूंकि नागपुर में संघ की शाखा, पथ-संचालन और अन्य कार्यक्रम देखे थे, अतः अपने एक मित्र से कहा कि 'देखो, यहां संघ की शाखा प्रारंभ हो गई है और उनको गणवेश में लॉग बूट्स की आवश्यकता होगी। वह भिजवा दीजिए।' उसने चार पेटियां लॉग बूट्स संघ कार्यालय में भेज दीं, तो अगर संघ का ऐसा प्रयास होता तो यह असंभव तो नहीं था। परंतु तब क्या वह आज का संघ खड़ा हो सकता था।?"

- बाला साहब देवरस

मैं उन्हें हरा नहीं सका–

"मैं 1910 में—हेडगेवार, अणे, नारायण सावरकर तथा अन्य महाराष्ट्रीय विद्यार्थियों के साथ कोलकाता के नेशनल मेडिकल कॉलेज एंड कॉलेज ऑफ फिजिशियंस एंड सर्जन्स में प्रविष्ट हुआ। यह संस्था एक अखिल भारतीय संस्था थी। इसमें भारत के प्रत्येक भाग, वर्मा (अब यांगून) तथा श्रीलंका के राष्ट्रीय प्रवृत्ति के विद्यार्थी पढ़ते थे। ये महाराष्ट्रीय विद्यार्थी 'कनाई धर लेन' पर कॉलेज के निकट ही एक दुमंज़िले मकान में रहते थे। अक्सर मैं वहां जाकर उनकी राजनीतिक तथा साहित्यिक गोष्ठियों और शारीरिक कार्यों में भाग लेता था। वे लोग भी मेरे घर आया करते थे।

उस समय की एक घटना मुझे भली-भांति स्मरण है। एक कक्षा में एक प्रोफेसर की अनुपस्थिति के समय मैंने हेडगेवार को चाहे जितनी देर तक अपनी भुजा पर मुक्के लगाने की चुनौती दी। परंतु उन्होंने उलटे मुझे ही चुनौती दे डाली और अपनी भुजा को कड़ा कर दिया। मैं उनकी मांसल भुजाओं पर घूंसेबाजी करता रहा। सारी कक्षा इस प्रतियोगिता को देखती रही। किंतु हेडगेवार टस से मस न हुए। उनको पराजित करने में मैं असमर्थ रहा। हेडगेवार के साहस और सहनशक्ति पर मुझे आश्चर्य हुआ।

मेरे मराठा मित्रों में हेडगेवार सबसे घनिष्ठ थे। एक बार आपस में कुछ झगड़ा हो गया, जिसके कारण अनेक गैर-बंगाली छात्रों ने कॉलेज छोड़ दिया, परंतु हेडगेवार तथा अन्य महाराष्ट्रीय विद्यार्थियों ने न कॉलेज छोड़ा, न मेरे प्रति उनके प्रेम-व्यवहार में ही कोई अंतर पड़ा।"

– डॉ. अमूल्य रत्न घोष

कागज कलम नहीं–

"संघ निर्माण से पूर्व उनके जीवन की एक उल्लेखनीय घटना है, जिससे उनके जीवन पर बहुत प्रकाश पड़ता है।

एक बार धुलिया के वकील और एक पत्र के संपादक श्री जावडेकर नागपुर आए। वे अपने पत्र के लिए धन-संग्रह करने आए थे और डॉक्टर जी के साथ ही रहे। डॉक्टर जी के घर में दिन-रात बैठकें चलती रहती थीं। युवकों के समूह के समूह आया-जाया करते थे। बातें करते थे और कुछ समय बाद चले जाया करते थे। उनमें से एक जो

महाराष्ट्र पत्र के सम्पादक थे, नियमित रूप से दोपहर में आते थे और अपने देश तथा अन्य स्थानों के नवीनतम समाचार डॉक्टर जी को सुनाते।

डॉ. हेडगेवार का घर सबके लिए खुला था—यहां तक निःसर्ग के लिए भी। धूप और बरसात घर के कोने-कोने में आ-जा सकती थी। सारा घर मानो साक्षात् दरिद्रता की मूर्ति था। किंतु फिर भी आनंद और उल्लास की दरिद्रता न थी। पास-पड़ोस से निकलने वाले—अंदर के लोगों की घर हिलाने वाली हंसी की आवाज़ पर, जो चौबीस घंटे चलती रहती थी, आश्चर्य किया करते थे।

यह सब देखकर श्री जावडेकर बहुत प्रसन्न हुए और नागपुर से अपना जाना स्थगित कर देने का लोभ उनको हुआ, यह बात पत्र द्वारा अपने घर सूचित करनी चाही। स्वाभाविक रूप से उन्होंने डॉक्टर साहब से एक टुकड़ा कागज़, स्याही और कलम मांगी। डॉक्टर साहब भीतर गए। प्रत्येक कमरा खोज डाला, किंतु ये वस्तुएं न मिलीं। कुछ समय बाद वे वापस आए और मुस्कराकर बोले—"जावडेकर जी! मुझे बड़ा खेद है कि ये वस्तुएं इस घर में हैं ही नहीं।"

संपादक होने के नाते श्री जावडेकर लिखने-पढ़ने के बहुत अभ्यस्त थे और इस विचित्र उत्तर से बहुत आश्चर्यचकित हो गए। इतने उद्योग-धंधों का वह केंद्र स्थान! परंतु वहां स्याही और कागज़ तक नहीं! किंतु यह बात अकल्पनीय होकर भी सत्य थी।"

- यादवराव जोशी

अंग्रेज को सलाम नहीं किया–

"यवतमाल में एक बार सन् 1911 में वे कुछ मित्रों के साथ सिविल लाइंस की ओर घूमने गए। एक यूरोपियन डिप्टी कमिश्नर को यह लत लग गई थी कि वह सामने से आने वाले प्रत्येक भारतीय से सलाम की अपेक्षा करता था। उस समय उस ओर से यह डिप्टी कमिश्नर—यूरोपियन सिविल सर्जन और पुलिस के सर्किल इंस्पेक्टर के साथ घूमने जा रहा था।

डॉ. हेडगेवार को लोगों ने चेताया कि इधर सलाम-प्रेमी महाशय आ रहे हैं और उनसे बचने के लिए दूसरे रास्ते की ओर घूम जाना अधिक उपयुक्त है। अपने मित्रों की इस सलाह की ओर डॉ. हेडगेवार ने कोई ध्यान नहीं दिया, उलटे उसी रास्ते से सड़क के बीच में चलने लगे। उनको डी. सी.

महोदय ने रोका; उनका नाम, पता पूछा और कहा कि 'क्या तुमको यह भी नहीं मालूम कि एक यूरोपियन को नम्रतापूर्वक सलाम करना चाहिए और उसके लिए आदरपूर्वक रास्ता छोड़ देना चाहिए?'

डॉ. हेडगेवार ने उत्तर दिया—"मैं राजधानी का रहने वाला हूं, जहां इस प्रकार की सलाम की रीति कोई जानता भी नहीं। इतना ही नहीं, प्रत्येक स्वाभिमानी व्यक्ति ऐसे सलाम से घृणा करता है और शिक्षा व संस्कृति भी मनुष्य को समानता का पाठ पढ़ाते हैं, किसी के सामने झुकना अपनी प्रतिष्ठा के विरुद्ध है।"

इस निर्भीक उत्तर और साहसी वृत्ति से डिप्टी कमिश्नर महोदय स्तब्ध रह गए, किंतु सर्किल इंस्पेक्टर ने डॉ. हेडगेवार को धमकाते हुए क्षमा मांगने को कहा। उसकी परवाह न कर हेडगेवार चल दिए। वे लोकमान्य तिलक के एक सच्चे अनुयायी थे।"

– डॉ. अमूल्य रत्न घोष

मौसी दिवस–

"सप्ताह में एक दिन यदि संघ की छुट्टी रहे तो बुरा नहीं, ऐसी इच्छा कइयों के मन में रहती थी। स्वयंसेवक रविवार के अवकाश का उपयोग सिनेमा देखने में करते थे। तरुणों को सिनेमा देखने की कितनी लत रहती है, यह कहने की आवश्यकता नहीं।

इसी तरह एक दिन रविवार को सारे कार्यकर्ता डॉक्टर जी को न बतलाते हुए चुपचाप सिनेमा चले गए। राष्ट्रकार्य में सिनेमा देखने का कोई स्थान नहीं, यह सोचकर इस प्रकार सिनेमा देखने जाना डॉक्टर जी पसंद नहीं करेंगे। अतएव उन्हें पता न लगने पाए, ऐसा प्रयत्न सभी ने किया। डॉक्टर जी जब पूछेंगे तो ठीक बात न बताकर अन्य ही बहाना करेंगे, ऐसा उन्होंने आपस में निश्चित कर लिया।

दूसरे दिन सदा के समान संघ-स्थान का कार्य आरंभ हुआ। कार्यकर्ता कार्यक्रम लेने में विशेष उत्साह दिखा रहे थे। कल सारे दिन कार्यकर्ताओं से भेंट न होने के कारण डॉक्टर जी का मन खिन्न था। उन्होंने एक-दो कार्यकर्ताओं को अपने समीप बुलाकर पूछा—"कल सायंकाल आप कहां गए थे?" संयोगवश प्रत्येक ने उत्तर दिया—"मावशीकडे गेलो होतो (मौसी के यहां गया था)।"

कार्यक्रम समाप्त होने पर प्रमुख स्वयंसेवकों व शिक्षकों की बैठक शुरू हुई। प्रतिदिन की तरह इधर-उधर की गप्पें मारते-मारते जब खूब रंग जम गया, तो डॉक्टर जी कहने लगे—"भाई कल क्या मौसी दिवस था?"

एक ही बहाना बताने से जब यह गड़बड़ हो गई है, यह ध्यान में आते ही सभी एक-दूसरे की ओर देखने लगे। 'हमारी पोल खुल गई', यह जानकर सभी का दिल बैठने लगा।

डॉक्टर जी झट से कहने लगे—"मैं भी सिनेमा जा सकता हूं।"

उन्हें तो स्वयंसेवकों के साथ समरस होने का कार्य करना था। उनसे भिन्नता दिखाना अभीष्ट नहीं था। यह सोचकर उन्होंने अपने सहकारियों के साथ सिनेमा देखना निश्चित कर लिया। इस कारण सभी को बड़ी प्रसन्नता हुई। रविवार का दिन आया। सायंकाल सब भोजन करके डॉक्टर जी के घर जमा होने लगे।

डॉक्टर जी ने भोजन करते देर लगा दी। सिनेमाघर पहुंचने पर देर हो चुकी थी। खेल शुरू हो गया था। टिकट बंद हो चुका था। यह सलाह हुई कि चलो बर्डी (नागपुर के भाग का नाम) चलें। सब चल पड़े। वहां भी देर हो गई थी। डॉक्टर जी के सिवाय सभी निराश थे। सबने वहीं से अपने-अपने घर जाने का विचार किया। परंतु डॉक्टर जी ने तो कुछ और ही मन में सोच रखा था।

वे बोले—"और कुछ नहीं तो हम कम-से-कम तीन घंटे बाहर तो रह सकते हैं। चलो कहीं बाहर रमणीक स्थान पर चलें, चांदनी रात भी है।"

सबको यह सलाह जंच गई। सभी तैयार हो गए। चलते समय डॉक्टर जी कहने लगे—"हमारे पास पैसे भी हैं। सिनेमा के लिए खर्च करने ही थे। कुछ खाने के लिए मिष्ठान साथ लेते चलें, वहीं मिलकर खाने में बड़ा आनंद रहेगा।"

नया कार्यक्रम नए उत्साह से शुरू हो गया। सभी इंडियन जिमखाने के सामने वाले सुंदर मैदान में पहुंचे। वहां खाने तथा हंसी-विनोद में संपूर्ण समय व्यतीत हुआ। सबको अनुभव होने लगा कि यह रविवार व्यर्थ नहीं गया। सिनेमा से भी अधिक समय आनंद से गुजरा है। अब मनोरंजन का रुख बदल गया। सिनेमा न जाकर प्रत्येक रविवार ऐसे ही वन-विहार आदि के कार्यक्रम चलने लगे। कार्यकर्ता सिनेमा की अपेक्षा ऐसे ही कार्यक्रमों की योजना करने लगे।"

– कृष्णराव मोहरील

आज का भारत–

"एक बार परम पूजनीय डॉक्टर जी के पास कार्डबोर्ड के दो पंखे हवा करने के रखे हुए थे। एक पंखे पर छत्रपति शिवाजी का चित्र था। दूसरे पर बालगंधर्व का स्त्री–वेशधारी चित्र था। एक सज्जन ने वे चित्र देखकर डॉक्टर जी से पूछा—"डॉक्टर जी! श्री शिवाजी का चित्र जिस पंखे पर है, वह अपने सम्मुख रखना उचित है; परंतु श्री बालगंधर्व का स्त्री–वेशधारी चित्र जिस पर है, आपको कैसे पसंद आया?"

पूजनीय डॉक्टर जी ने अपनी रीति के अनुसार उन्हीं से पूछा—"आप ही बताइए, इनमें मेरा क्या हेतु हो सकता है?" उस पर कुछ कल्पना न कर सकने के कारण उन महाशय ने डॉक्टर जी से ही अपना हेतु स्पष्ट करने की प्रार्थना की। तब डॉक्टर जी ने कहा—"अपने देश की दो अवस्थाओं का चित्र मेरे सम्मुख निरंतर रहे, इसलिए मैंने ये पसंद किए हैं।" शिवाजी का चित्र जिस पंखे पर था, उसकी ओर संकेत करते हुए उन्होंने कहा कि यह तीन सौ वर्ष पूर्व का गौरवशाली भारतवर्ष है; और दूसरे की ओर संकेत करते हुए उन्होंने कहा कि यह है आज का भारतवर्ष!"

– भाऊ साहब भुस्कुटे

चूना, चूना की गूंज–

"एक बार डॉक्टर जी ने एक अधिकारी को एक काम करने के लिए कहा। उसने वह काम दूसरे को कह दिया। उसने फिर तीसरे को कह दिया। इस प्रकार यह बात आठवें सज्जन तक पहुंच गई और अंत में वह काम हुआ ही नहीं। डॉक्टर जी ने इस त्रुटि को दूर करने के लिए किसी को उपदेश नहीं दिया, अपितु उस दोष को दूर करने के लिए अपने ढंग से यत्न किया।

एक दिन सारे स्वयंसेवक बैठे हुए थे कि उपर्युक्त बात की चर्चा चल पड़ी। अपने ऊपर की ज़िम्मेदारी दूसरे पर डालने से उस काम की क्या हालत होती है, यह समझाने के लिए उन्होंने एक बात कही। डॉक्टर साहब जो भी बात या उदाहरण सुनाया करते थे, वे कपोल–कल्पित न होकर व्यवहार में आ चुके होते थे। इसलिए उनकी बात का स्वयंसेवकों के मन पर अच्छा परिणाम हुआ करता था।

नागपुर में एक जन्मजात धनी, इतिहास प्रसिद्ध घराना है। उन श्रीमान

के घर कहीं एकाध धार्मिक कार्यक्रम हुआ कि फिर घर के ठाठ देखने लायक होते हैं, यह कहने की आवश्यकता नहीं। उनके घर लड़के का मुंडन-संस्कार था। बड़े-बड़े प्रतिष्ठित व्यक्ति आशीर्वाद देने के लिए आए हुए थे। वे स्वयं ही आने वालों का उत्साह से स्वागत करते। सबके सामने चांदी का पानदान रखते और कहते—"लीजिए, पान लीजिए।" परंतु किसी ने पान नहीं लिया, क्योंकि चूने वाला स्थान खाली पड़ा था। बीच में से एक ने कह दिया कि चूना मंगवा लें।

झट श्रीमान ने चूना लाने के लिए सामने खड़े मैनेजर से कहा। उस मैनेजर ने अपने नीचे के नौकर, उस नौकर ने भी एक और को। इस तरह चूना-चूना की आवाज़ सब ओर गूंज गई। डॉक्टर जी भी वहां उपस्थित थे। उनका उस श्रीमान के साथ घनिष्ठ परिचय था। उन्होंने एक परिचित व्यक्ति को भेजकर चूना मंगा लिया और पानदान में रख दिया। 'कार्य करने से सम्पन्न होता है, आज्ञा चलाने से नहीं। आज स्वराज, स्वराज चिल्लाने वाले बहुत हैं, परंतु उसके लिए प्रयत्नशील कितने हैं? स्वयंसेवक वैसे नहीं होने चाहिए। वे स्वयं प्रयत्न करने वाले हों।' यह ज्ञान उन्होंने स्वयंसेवकों को दिया।"

- कृष्णराव मोहरील

बिना मिले कोई वापस न हो-

"बीमारी के दिनों में भी वे हमेशा जागते रहते थे, लगता था सो रहे हैं। नींद उन्हें आती ही नहीं थी। मैं गैलरी में बैठकर चौकसी करता था कि कोई आए तो डॉक्टर जी के विश्राम या नींद में बाधा न पड़े। कई बार देखा कि डॉक्टर जी आंखें बंद करके लेटे हैं; लगा, सो गए हैं; किंतु जैसे ही किसी ने उनके कमरे में कदम रखा कि मुझे तत्काल डॉक्टर जी की आवाज़ सुनाई पड़ती थी—"राम! कौन आया है?" जैसे कि उन्हें हर समय किसी न किसी स्वयंसेवक के आने की प्रतीक्षा रहती हो और यह चिंता भी कि कहीं उसे बिना मिले ही न वापस जाना पड़े।

सन् 1937 के बाद जब पूज्य गुरुजी से उनका ज्यादा संबंध जुड़ चुका था, तब अपने सभी कामों में उनकी ज़बान पर गुरुजी का नाम पहले आ जाता था। प्यास लगने पर उनके मुंह से निकल जाता—"माधवराव! अरे, राम! पानी लाओ।" मैं पानी पिला देता और सोचता जाता कि देखो, गुरुजी इन्हें पल-पल याद आते हैं। यद्यपि उस समय

कई बार गुरुजी वहां मौजूद नहीं होते थे। स्वास्थ्य की गिरी हुई हालत में उनकी बनियान बार-बार पसीने से भीग जाती थी। उसे बदलना होता था। डॉक्टर साहब पुकारते—"माधवराव! .....राम! बनियान लाओ!" मैं बनियान उठाकर बदल दिया करता।

जिन दिनों उनकी हालत अधिक खराब थी, वे नागपुर में बाबा साहब घटाटे के घर में थे और कुछ भी पूछिए, नहीं बताते थे। लेकिन 'राष्ट्रीय स्वयंसेवक संघ' या 'माधवराव गोलवलकर' की चर्चा आई नहीं कि तेज ज्वर में भी तुरंत उठकर बैठ जाते थे, रुचिपूर्वक उत्तर देते थे। बात खत्म हुई कि लेट गए। फिर वही रोग की भीषण स्थिति।

अंतिम समय में भी उनके मुंह से यही निकला था—"माधवराव! तुम्हींच सर्व पहा, मी जातो।" (माधवराव! यह सब संघ कार्य आप ही संभालो, मैं जाता हूं।) मैंने सुने हैं ये शब्द।

आज मैं सोचता हूं कि जिनकी बातें प्रत्यक्ष सुनी हैं, कार्य देखा है; जिसका जीवन-कार्य समाज का ही कार्य था, उन डॉक्टर साहब को हम देव क्यों न मानें? 'नारद भक्ति सूत्र' में लिखा है—'स तरति, स तरति, स लोकांस्तारयति'; अर्थात् वह तो तर ही गया है, जो उसकी बात सुनेगा; पीछे जाएगा, वह भी तर जाएगा।"

– रामभऊ जामगड़े

लोग कहेंगे घमंडी है–

"डॉक्टर जी के निधन से पहले की बात है, जब वे बीमार थे। सन् 1940 था। रोग की दुर्बलता के कारण डॉक्टर जी को बोलने में भी कठिनाई होती थी। किंतु जैसे ही संघ की चर्चा छिड़ती, तो वे पूर्णतः सजग और चैतन्य होकर बैठ जाते थे। लगता था, उन्हें कोई थकान नहीं, न कोई कष्ट है; स्वयं भी बोलने लगते थे। रुचिपूर्वक बात करते थे, किंतु जैसे ही संघ की चर्चा खत्म हुई कि फिर उन्हें थकान और कष्ट घेर लेता था, वे पुनः लेट जाते थे। फिर वही हालत हो जाती थी।

उन्हीं दिनों मैंने उनसे पूछा–"भारत परतंत्र है, यह विचार आपको कब आया?"

कहने लगे–"यह बताकर क्या होगा? लोग कहेंगे घमंडी है।"

मैंने कहा–"आपसे लोग पूछने नहीं आए हैं, रामभाऊ जामगड़े पूछता है।"

आखिरकार उन्होंने बताना शुरू किया—"मैं जब 9 साल का था, नागपुर के राजा लक्ष्मणराव भोंसले के यहां जाया करता था। उनकी सवारी उन दिनों शहर में राजसी ठाठ से निकलती थी। बग्घी में चार-चार घोड़े जुतते थे। उनके आगे-पीछे, दाएं-बाएं शस्त्रधारी सिपाही चलते थे। क़िले के नगारखाने में रोज सवेरे नगाड़ा भी बजता रहता था। क़िले पर, महल के बुर्ज पर भगवाध्वज लहराता था। यह सब देख बालबुद्धि से मुझे लगता था—अपने देश में अपना राज्य है। एक दिन एक और भी दृश्य देखा। रास्ते से जाते हुए डी.एस.पी. ने अपनी गाड़ी बीच सड़क पर खड़ी कर दी; सामने से राजा साहब की बग्घी आ रही थी। डी.एस.पी. की गाड़ी ने उसे रास्ता नहीं दिया। फलतः राजा लक्ष्मणराव को इतना गुस्सा आया कि उन्होंने हंटर से डी.एस.पी. को पीटना शुरू कर दिया। ऐसी घटनाओं से मेरा यह विश्वास स्थिर रहना स्वाभाविक था कि यहां किसी गैर का राज्य नहीं है। लेकिन तभी मैंने एक दिन इतिहास की अपनी पाठ्य-पुस्तक में पढ़ा कि भारत में अंग्रेजी राज्य है, क्योंकि उनसे जो लड़ाई थी—उसमें यहां के लोग हार गए, अंग्रेज जीत गए। ये शब्द मेरे मन में चुभ गए और मेरे मन में विचार पैदा हुआ कि 'अरे यहां अपना राज्य नहीं? अंग्रेजों की गुलामी है, हम परतंत्र हैं?' जो स्थिति ज्वालामुखी के स्रोत की होती है, वही हाल मेरे हृदय का हुआ। तब से परतंत्रता के अपमान से रात-दिन मेरा हृदय ज्वालामुखी की तरह धधकने लगा। उसी हालत में अभी तक हूं।"

– रामभऊ जामगड़े

दूसरे को कोई कष्ट न हो–

"1933 के शिविर सम्मेलन की घटना है। अंबाझरी ग्राउंड पर सम्मेलन था। सब ओर तम्बू लगे हुए थे। सरसंघचालक जी के लिए भी एक स्वतंत्र तंबू लगाया गया था। पर वह था छोटा-सा, एक ही व्यक्ति सो सके इतना छोटा।

मेरे लिए यह काम था कि रात्रि के समय सब व्यवस्था ठीक हुई है, यह देखकर अंत में सोना। उसी के अनुसार रात्रि के दस बजे बत्तियां बुझ जाने पर, मैं 11 बजे तक सब स्थानों पर घूमकर सब व्यवस्था ठीक है या नहीं, देखकर सोता था।

एक दिन रात्रि के लगभग 11 बजे कड़ी ठंड में डॉक्टर जी को

अपना तम्बू छोड़कर दूसरे स्थान पर जाते देख, मैं शीघ्रता से उनके पास गया, सोचा अवश्य कुछ काम होगा। मैंने पास जाकर डॉक्टर जी से कहा—"इतने जाड़े में आप क्यों बाहर जा रहे हैं? क्या कुछ काम है? मेरे लायक हो तो बताइए।"

उन्होंने हंसते हुए कहा—"उमरेड के मेरे एक मित्र अभी ही शिविर देखने आए हैं। उन्होंने बिस्तर आदि साथ में कुछ भी नहीं लिया है। अतएव मैंने उन्हें अपने बिस्तर पर जगह दी है। अब मैं देखता हूं मेरी कहां व्यवस्था होगी?"

मेरा अंतःकरण उनके हृदय की महत्ता देख चकित हुआ। वे चाहते तो किसी को भी बुलाकर उनकी व्यवस्था करा सकते थे। परंतु अपनी चाहे कितनी भी अव्यवस्था हो दूसरे को कोई कष्ट नहीं होना चाहिए, इसका उन्हें सदैव ध्यान रहता था।"

- श्री परशुराम बढ़िये

साहसी व स्वाभिमानी केशव–

"डॉ. केशवराव हेडगेवार बचपन से ही बहुत साहसी थे। उनके घर के सामने आम लोगों के पानी भरने के लिए एक कुआं था। वहीं से घर के लिए सब भाई मिलकर पानी लाया करते थे। उनके आंगन में भी कुआं था, परंतु उसमें कीचड़ बहुत था। एक समय आम लोगों के बने कुएं से पानी लाते समय कुछ अन्य लोगों के साथ झगड़ा हो गया। अतएव सब भाइयों ने निश्चय किया कि अब कल से किसी के दरवाजे पानी लाने नहीं जाएंगे। रातोंरात तीनों भाइयों ने मिलकर पिताजी से छिपकर अपना कुआं स्वच्छ कर लिया। उस समय केशवराव की उम्र छोटी थी। कीचड़ बाल्टी से निकाला जा रहा था। इनमें इतनी शक्ति न थी कि बाल्टी भी कुएं से खींचते, अतएव स्वयं रात भर कुएं में रहकर वे कीचड़ निकालकर बाल्टी में भरते रहे।"

- डॉ. स.नी. मोहरील

मेरा प्रथम दर्शन–

"सन् 1939 में कोलकाता में हिंदू महासभा का अखिल भारतीय अधिवेशन था। स्वातंत्र्य वीर सावरकर उसकी अध्यक्षता के लिए पधारे थे।

स्वनामधन्य श्री आशुतोष मुखर्जी के सुयोग्य पुत्र डॉ. श्यामाप्रसाद मुखर्जी ने संभवतः प्रथम बार सार्वजनिक जीवन में प्रवेश किया था। उस समय अत्यंत उत्साह का एक प्रमुख कारण यह भी था।

गया में संघ शाखा खुल चुकी थी। हिन्दुत्व में निष्ठा होने के कारण जिज्ञासावश मैं भी कोलकाता गया था। सुविख्यात इतिहासकार डॉ. काशीप्रसाद जायसवाल के अनुज—बिहार हिन्दू महासभा के बड़े ही सक्रिय, उत्साही और कर्मठ कार्यकर्ता थे। हिन्दू धर्म का प्रखर रूप प्रकट हो, उसमें वीरोचित गुण एवं तेजस्विता आए, इसलिए सिक्ख पंथ स्वीकार करके वे गोविंद प्रसाद जायसवाल से अब सरदार गोविंद सिंह बन गए। वे अपने को नागपुर का स्वयंसेवक भी कहते थे।

कोलकाता अधिवेशन में डॉक्टर साहब संघ के कई बड़े अधिकारियों के साथ पधारे थे। सरदार गोविंद सिंह जी महासभा के अखिल भारतीय सदस्य थे। सरदार जी ने मुझसे पूछा—"आपने डॉक्टर हेडगेवार जी को देखा है?"

उस समय तक हमारे यहां डॉक्टर साहब का चित्र नागपुर से आ गया था। अतः उनकी छवि मेरी स्मृति में थी। जब सरदार जी ने ऊपर मंच की ओर संकेत किया, तो उस विशाल मंच पर काफी लोग बैठे थे। मैंने देखा कि जो चित्र मेरे पास था, उसी वेशभूषा में वही व्यक्ति मसनद के सहारे मास्टर तारासिंह की बगल में विराजमान है।

अखिल भारतीय सदस्य होने के नाते सरदार गोविंद सिंह जी के साथ जो बड़ा बैज था, उसके द्वारा मंच पर उनका प्रवेश संभव था। सरदार जी मुझे साथ लेकर मंच पर पहुंच गए। डॉक्टर हेडगेवार जी को मेरा परिचय देते हुए सरदार जी ने जैसे ही 'गया' का नाम लिया, वैसे ही डॉक्टर साहब प्रसन्न मुद्रा में मुस्कराकर बोल उठे—"जानता हूं, जानता हूं, बबुआ जी हैं।" यही डॉक्टर साहब से मेरा प्रथम साक्षात्कार था।"

– कृष्णवल्लभ प्रसाद नारायण सिंह

पहले मनुष्य–

"सन् 1929 में महामना पंडित मदनमोहन मालवीय जी नागपुर आए थे। उस समय संघ शाखा देखने के लिए डॉक्टर जी ने उन्हें निमंत्रित किया। संघ शाखा उस समय मोहिते के टूटें-फूटे बाड़े में लगती थी। पंडित

मालवीय जी शाखा देखकर प्रसन्न हुए, परंतु टूटा-फूटा बाड़ा देखकर उन्हें यह कल्पना आई कि संघ के पास धन की कमी है। अतएव उन्होंने डॉक्टर जी से कहा—"डॉक्टर साहब! लोग ऐसा कहते हैं कि मैं एक अच्छा भिखारी हूं। यदि आप चाहें तो आपके लिए मैं याचक वृत्ति से कुछ धन संचय कर सकता हूं।"

तब डॉक्टर जी ने कहा—"पंडित जी! मुझे धन की आवश्यकता नहीं, आवश्यकता है आप जैसों के आशीर्वाद की।"

पंडित जी बहुत ही प्रसन्न हुए। उन्होंने कहा—"आपका वैशिष्ट्य मैं जहां जाऊंगा, वहीं बताऊंगा। जहां अन्य स्थानों पर धन की ओर प्रथम ध्यान दिया जाता है, बाद में मनुष्य की ओर। वहां आप पहले मनुष्य एकत्रित करते हैं, बाद में पैसे की चिंता करते हैं।"

□□□